국어와 국어학 1

성낙수

충청남도 당진군 당진읍 사기소리 237번지에서 출생
성당초등학교, 당진중학교, 공주사범대학 부속고등학교 졸업
연세대학교에서 문학사, 문학석사, 문학박사 학위 취득
현 한국교원대학교 국어교육과 교수, 외솔회 회장

주요 저서

《국어학서설》(공저), 《제주도 방언의 통사론적 연구》, 《우리말 방언학》, 《논술강좌》
고등학교 《작문》, 《삶과 앎의 터전》(수필집), 《한 세상 살다 보니》(수필집)
《날이면 날마다 새로운 날》(수필집)

국어와 국어학 1

1판 1쇄 인쇄 2011년 03월 20일
1판 1쇄 발행 2011년 03월 30일

지은이 성낙수
펴낸이 서채윤
펴낸곳 채륜
표지·본문디자인 Design窓 (66605700@hanmail.net)

등록 2007년 6월 25일(제25100-2007-000025호)
주소 서울 광진구 군자동 229
대표전화 02-6080-8778 | **팩스** 02-6080-0707
E-mail chaeryunbook@naver.com
Homepage www.chaeryun.com

책값은 뒤표지에 있습니다.
ISBN 978-89-93799-37-8 94710
ISBN 978-89-93799-36-1 (세트)

※ 잘못된 책은 구입하신 서점에서 바꾸어 드립니다.
※ 저자와 출판사의 허락 없이 책의 전부 또는 일부 내용을 사용할 수 없습니다.

국어와 국어학 1

성낙수

채 륜
CHAE RYUN

한 사람의 생애는 길다면 길고, 짧다면 짧다. 그건 본인의 판단에 의하여 결정된다. 즉 어떤 이가 지루하게 살았으면 길다고 느끼고, 행복하고 보람 있게 살았으면 짧다고 느낄 것이다. 나는 아직 그것조차도 느낄 나이가 아니다. 아직도 할 일이 많이 남았기 때문이다.

그런데 우연한 기회에 채륜 사장님을 만났고, 그동안 쓴 글을 모아 책을 내보자고 뜻을 모았다. 한편으로는 그런 것이 책으로서 가치가 있을까 하는 우려도 생기고, 고작 이것밖에 안 되나 부끄러운 마음도 생겼으나, 그래도 한 사람이 평생 해온 일을 중간 평가해 보는 일도 뜻이 있겠다고 생각하여 용기를 내었다. 채륜 사장님께는 죄송스럽고 감사한 마음을 표한다.

저자가 국어학을 전공하기로 한 것은 학부 때였다. 나라는 혼탁하여 제대로 공부를 할 환경이 아니었는데, 우리들은 '방언 연구회'라는 동아리를 만들어, 전국을 돌아다니며 방언, 민속, 구비문학 자료를 수집하였다. 그 때 학교에서는 그런 우리들이 기특했던지 경제적 도움을 많이 주었다. 그리고 지도교수님들이 아주 적극적으로 우리들을 격려하고, 지원하고, 가르쳐주심이 큰 힘이 되었다. 그분들께도 심심한 감사의 말씀을 드린다.

젊은 나이에 교수가 되어, 자의적으로 혹은 타의적으로 논문을 써야 했다. 방언을 주전공으로 했다고는 하나, 항상 그것으로만 논문을 쓸 수는 없으므로, 이것저것 다룰 수밖에 없었다. 그러다 보니 전문성에서 부족한 점이 많다. 다만 그때그때 주어진 주제를 나름대로 다루어 본 것만으로 보람을 찾으려 한다.

이 책에 모은 글들은 새로운 것들이 아니고, 다른 곳에 실렸던 논문들이다. 아래에 그 원전을 밝힌다. 독자 여러분의 많은 질정을 바라마지 않는다.

제1권에 실린 글

1. "사회의 변화와 청소년의 언어문화", 오늘의 청소년, 서울: 한국청소년단체협의회, 1997.
2. "간판과 도로의 이름에 대하여", 청람어문교육 제36집, 청원:청람어문교육학회, 2007.
3. "초·중·고생들의 국어사용의 실태와 분석-국어 표기를 중심으로-", 청람어문교육 제31집, 청원: 청람어문교육학회, 2005.
4. "경상도 방언에서의 [가지-]의 접미사화 연구", 남천 박갑수 교수 정년 퇴임기념논문집, 서울: 논문집간행위원회, 1999.
5. "한국어의 /l/의 비강음화와 /n/의 설측음화", 教授論叢 제17집, 청원: 한국교원대학교, 2002.
6. "충청북도 지명의 후반부 한자어 연구-의미와 분포를 중심으로-", 한국어문교육 제7집, 청원: 한국어문교육연구소, 1998.
7. "충북 청주시·청원군의 땅이름 고찰-땅이름의 뒷부분 구성요소를 중심으로-", 새마을연구 제4호, 청원: 한국교원대학교 새마을연구소, 1995.
8. "한국어에서 나타나는 동화 작용의 확대 적용에 대하여", 국어학 연구의 점과 선, 서울: 한국문화사, 2003.
9. "이른바 한국어의 두음 법칙 연구", 한글 197호, 서울: 한글학회, 1987.

2011년 01월
동암서실에서
성낙수 씀

사회의 변화와
청소년의 언어문화

1. 머리말

이 글은 언어는 변화되는 사회의 영향을 받으며, 그 중에서 청소년의 언어가 가장 진보적이고 창조적이라는 인식하에 우리 사회의 변화가 청소년의 언어문화와 어떤 관련성이 있는가를 예를 들면서 언급해 보려는 데 목적이 있다.

언어는 사회적인 약속물이며, 사회를 반영하고, 사회를 발전시킨다. 사회적인 약속물이라는 말은 언어는 특정한 시대, 특정한 공간 안에서 살고 있는 사람들끼리 의사소통을 하기 위한 매개체로서, 일정한 형식과 체계를 갖추고 있다는 것이다. 그러므로 언어는 시대가 바뀌거나 공간이 달라지면, 형식과 체계에 변동이 일어나게 된다. 언어가 사회를 반영한다는 말은, 그 사회에서의 사건, 관습, 사물을 유효적절하게 표현한다는 뜻이다. 새로운 관습, 사물이 나타나면 그에 대한 적절한 언어가 창조되어야 한다. 언어가 사회를 발전시킨다는 말은, 언어가 문화 전달의 기능을 가지고 있기 때문에 이미 존재하는 정보와 지식을 남에게 전달하고, 기록하고, 후대에 전달해 줌으로써 문명의 발달을 가능하게 해 준다는 뜻이다.

청소년은 한 나라의 얼굴이며, 희망이며, 기둥이다. 하지만 어느 시대에나 기성인들은 청소년들이 버릇이 없고, 예의를 지키지 않으며, 전통을 따르지 않는다고 생각한다. '점잖다'는 우리말이 '젊지 아니하다'에서 유래된 것만 봐도 그 역사를 짐작할 만하다.

동서고금을 막론하고 청소년은 생기발랄하며, 혁신적이고, 창조적인 태도를 보인다. 오늘날 지구의 문명이 이토록 발달한 것은 이러한 청소년들의 힘에 의해서였다고도 말할 수 있다. 일찍이 공자가 "후진을 두려워 할 것이니, 어찌 내일의 그들이 오늘의 나만 못하리라고 단정할 수 있으랴(子日 後生 可畏 焉知來者之不如今也)."라고 한 것처럼 구세대보다는 신세대가 더 나았기 때문에 과학과 학문의 수준이 향상되었던 것이다. 그러므로 현 사회에서 청소년들의 언어문화를 이해하는 것은, 그들의 사고와 관습을 이해하는 첩경이 되며, 우리나라의 앞날을 내다볼 수 있는 안목을 갖추는 데 도움이 될 것이다.

사회의 변화가 완만하였던 옛날에 비하여, 현대의 물질문명은 하루가 다르게 변화한다. 예컨대, 인류의 탄생 이후 비행기가 발견된 것은 겨우 백 년이 지났으나, 오늘날 우주선이 화성에 가서 땅을 파고 돌을 깨어 그 정보를 지구에 보내고 있다. 그러니 앞으로 100년 후에는 지구인이 달이나 화성, 금성에 가서 도시를 건설하고, 농사를 짓지 않으리라고 장담할 수 없게 되었다.

필자가 태어나서 살아온 50여 년간을 회고해 보아도, 사회의 변화는 놀라울 정도다. 한 가지 예를 들어 보면, 1950년대의 청소년은 축음기 세대다. 물론 축음기가 흔하지는 않았지만, 거기에서 노래나 만담이 나오는 것만 해도 놀라운 일이었다. 1960년대의 청소년은 라디오세대다. 1960년대 초에 시골에는 스피커(유선방송)가 보급되었고, 그 뒤에 라디오가 점차 보급되었다. 1970년대의 청소년이 흑백 텔레비전 세대라면, 1980년대의 청소년은 컬러 텔레비전 세대다. 그리고 1990년대의 청소년은 컴퓨터 세대다. 컴퓨터를 모르면 바보 취급받는 시대가 된 것이다. 2,000년대에 들어서면 어떤 세대가 될까? 아마도 인터넷 세대가 될 거라는 설이 유력한 것 같다.

축음기 세대는 단지 그 속에 수록된 사람의 목소리를 한정된 공간에서 한정된 인원만이 듣게 된다. 그러나 라디오나 텔레비전은 같은 시간에 방방곡곡에서 수백, 수천만의 사람들이 같은 목소리, 같은 얼굴을 대하게 된다. 이것은 개별적으로보다는 대중적으로 영향을 미친다는 이야기가 된다. 그래서 한 가수가 수백만 청소년의 흠모의 대상이 되고, 얼굴 예쁜 연기자가 뭇 청소년의 연인이 되며, 어떤 운동선수는 세계 젊은이들의 우상이 되기도 한다.

이와 같은 현상은 언어에서도 나타난다. 통신과 교통이 발달하지 않았던 옛날에는 오직 자기가 사는 지방의 사투리나 쓰고 살았지만, 오늘날에는 대중 언어 매체를 통하여 하루아침에 전국적으로 퍼져 가는 정보의 홍수 속에서 살고 있으며, 그 영향으로 유행어나 은어 등이 급속히 전파되고 있다.

광복 이후 우리나라는 격심한 사회, 정치적 혼동을 거듭하여 왔다. 한 번의 전쟁을 겪었고, 세 번의 혁명을 경험하였으며, 수많은 사고, 사건 속에서 우리의 생은 영위되었다. 이에 따라 언어에도 상당한 변화가 일어났다. 따라서 이 글에서는 이 변화의 요인은 무엇이며, 어떻게 언어에 영향을 주었는가? 현재 청소년들이 사용하는 언어문화의 양상은 어떠한가? 이러한 문제에 대하여 개략적으로 살펴보기로 한다.

2. 광복 이후 사회의 변화와 청소년의 언어

인류의 역사를 살펴보면, 사회는 변증법적으로 변화하며 발전해 왔다. 우리나라도 역사적으로는 반만년의 기록을 가지고 있으나, '현대'라고 부를 수 있는 것은 100년이 채 안 되며, 이제는 21세기를 눈앞에 둔 시점에 와 있다. 고대로부터 약 100년 전까지의 변화보다 그 후의 변화가 양이나 질에서 압도적이며, 10년 전까지의 변화보다 그 후의 변화가 더 빠르고 예측 불허인 것을 우리는 기록과 경험에 의하여 알 수 있다. 이 글에서는 사회의 변화와 청소년의 언어를 광복 후(1945~1959)와 1960년대 이후(1960~1997)로 제한하여 살펴보려 한다. 전자와 후자의 언어상황이 근본적으로 달랐기 때문이다.

2.1. 광복 후

일제가 통치한 36년 동안 우리의 언어는 핍박받고 훼손당하고 급기야는 말살의 위기에까지 이르게 되었다. 다행히 1945년에 광복이 되면서 빼앗겼던 국어를 되찾았으며, 국민은 모두 의무 교육으로 우리의 문자와 표준어에 입각한 교과서를 배울 수 있게 되었다. 덕분에 지역 간에 존재하던 방언의 이질감이 조금은 해소되고, 표준어와 맞춤법의 이론도 습득하게 되었다. 그러나 아직도 일본어의 잔재가 많이 남아 있었으며, 청소년들도 그런 어휘를 많이 사용하였다. 그 예를 들어 보면 다음과 같다 (괄호 안은 우리말).

(1) 벤또(도시락), 원적(소풍), 낭하(복도), 가봉하다(시침질하다), 개비하다(갈다), 기합주다(얼차려하다), 곤로(화로), 급사(사환), 가이단(층계), 고테하다(인두질하다), 마에가리하다(가불하다), 시아게하다(끝손질하다), 장 께이 보(가위 바위보), 학꼬방 등

위와 같은 일본식 한자어, 일본어뿐만 아니라, 영어 같은 외국어도 일본어식으로 발음을 하였다(괄호 안은 영어).

(2) 남포(lamp), 바스께또(basket), 도라꾸(truck), 호므랑(home run), 찌뿌(jeep), 스께또(skate) 등

한편 6.25 사변으로 말미암아 미군을 비롯한 유엔군이 들어옴으로
해서 주로 영어의 영향을 받게 되었다. 다음과 같은 말들을 초등학생들
도 알고 있었다.

(3) 기부 미 쪼꼬렛, 깟뎀, 양키, 제무시, 삐29, 카빈, 시가렛, 슈샨 보이 등

전쟁으로 사회가 혼란스러우면서 은어, 속어, 유행어도 많이 쓰이게
되었다. 그 예를 몇 개 들면 다음과 같다(괄호 안은 표준어).

(4) 트기(잡종), 공갈치다(협박하다), 짜부(형사), 빵깐(감옥), 왕초(대장), 토끼
    다(도망가다), 까다(때리다), 꿀꿀이죽, 쿠사리, 날치기, 양아치, 노나다 등

2.2. 1960년대 이후

1960년대 이후 우리나라의 사회는 혼란스럽고, 그 변화가 복잡하였
다. 이를 몇 가지로 나누고, 청소년의 언어에 어떤 영향을 미쳤는지를 간
단히 언급해 보기로 한다.

2.2.1. 교육의 발전

1950년대의 경제적 빈곤 상태가 호전되면서, 다수의 청소년들이 중
등 이상의 교육을 받게 되었다. 이는 청소년들이 태어난 마을에만 머물
지 않고, 학교에 모여 단체생활을 한다는 데 의의가 있다. 즉 다른 지역,
다른 계층의 언어를 배우게 되며, 유행어, 은어, 속어, 비어 등과 같은 특
수어를 습득할 가능성이 많아졌다는 뜻이다. 그리하여 청소년들의 언어
사용 범위는 넓어지고, 발음, 어휘, 통사적인 측면에서 다양한 변화가 일

어나게 되었다.

2.2.2. 외국어의 습득

학교 교육의 일반화로 청소년들은 외국어를 많이 배우게 되었다. 중등학교에서부터 영어는 제1외국어가 되었으며, 고등학교에서는 불어와 독일어를 제2외국어로 가르치고, 각종 시험에서는 외국어를 중요하게 다룸에 따라, 청소년들의 외국어 실력은 나날이 향상되어 갔다. 국제화되어 가는 현대에 이는 바람직한 현상으로 볼 수도 있으나, 반면에 문명의 후진국으로서 우리말에 외래어가 지나치게 많이 침투되는 결과를 야기하게 된 것은 안타까운 일이다.

2.2.3. 대중 언어 매체의 발달

라디오, 텔레비전, 신문, 잡지 등이 범람하면서 관습이나 유행의 변화 속도가 엄청나게 빨라졌으며, 그에 따라 유행어, 은어 등의 전파도 초고속, 초대형으로 일어나게 되었다. 청소년들에게 학습, 교양, 지식의 습득에 도움이 되는 경우도 있으나, 때때로 청소년들에게 나쁜 영향을 주는 경향도 늘어나게 되었다. 특히 폭력이나 선정적인 내용, 지나치게 상업적인 선전이 무계획, 무질서하게 전파되었다. 그리하여 청소년의 언어가 어떤 측면에서는 거칠고, 위압적이며, 저속한 경향을 보이는 경향도 심화되고 있다.

2.2.4. 정치, 체제에 대한 비판

청소년들에게 사회·정치·사상과 같은 것은 중요한 관심의 대상이며, 또 그에 대한 비판은 날카롭고 정의로운 면이 있다고 본다. 그러나 우리나라의 사회나 정치는 그들에게 바람직한 것으로 보이지 않았다. 4.19가

그래서 일어났으나 그 효력이 지속되지 못했고, 5.16으로 군인에 의하여 나라가 집권되는 상황이 되었다. 그 후 30년이 넘게 젊은이들은 집권자들에 맞서 싸웠고, 그에 수반되는 탄압과 억제로 학업에 굉장한 지장을 받았으며, 육체적·정신적인 면에서도 고통을 당해 왔다. 이와 같은 현상은 청소년의 언어에도 상당한 영향을 미쳤다고 보는데, 그 점을 몇 가지로 요약해 보면 다음과 같다.

첫째, 청소년의 언어가 자조적·풍자적인 방향으로 흘러갔다.

둘째, 학생운동에 관한 용어·은어가 체계화되었다.

셋째, 사상과 이념에 관한 용어·은어가 많다.

넷째, 사상과 이념에 관한 외국어를 많이 차용하였다.

2.2.5. 향락성, 퇴폐성의 점증

1970년대부터 경제적인 여유가 생기면서, 사회는 향락적·퇴폐적인 측면이 급격히 발전하게 되었다. 기성세대의 이와 같은 현상은 청소년에게까지 영향을 미쳐 마약, 성, 폭력의 문제가 심각하게 대두 되었다. 이는 경제적인 부유함은 이루었으나, 정신적인 공허감을 메워야 하는 사회적·심리적인 데에 원인이 있었던 것이 아닌가 생각된다. 어쨌든 이런 현상은 언어에 그대로 반영되어 미팅, 성, 유흥 등에 관한 많은 유행어, 은어가 양산되었다.

2.2.6. 기성세대, 전통에 대한 거부감

완고하고 보수적인 기성세대에 비하여 청소년들은 생기발랄하고, 혁신적이며, 창조적이다. 그러므로 청소년은 기성세대에 상당한 거부감을 가지고, 비판적임이 상례다. 또한 새로운 시대상에 걸맞은 문화를 흡수, 형성하려는 욕망을 가진다. 그들은 전통에 대하여 무조건 승복하려 하

지 않는다. 이런 욕망은 한꺼번에 이루어질 수 없으므로, 그들은 해학이
나 기지, 풍자로 표현되는 언어를 이용하여 이러한 관념을 나타내고 있
다. 그러면서도 한편으로는 순수한 우리 것을 찾으려는 노력이 엿보이기
도 한다.

3. 현 사회에서의 청소년의 언어문화

청소년들의 언어는 사회의 각 측면을 적나라하게 묘사하고, 그들의
관습이나 관념, 사고를 잘 드러낸다. 그래서 그들의 언어는 생산적이고
창조적이며 사실적이라고 말할 수 있다. 여기서는 청소년들의 언어가 현
사회의 양상을 어떻게 반영하고 있는지를 살펴보기로 한다.

3.1. 고유어를 쓰려는 노력을 한다

앞에서도 말한 바와 같이 우리말에는 외래어, 한자어가 너무 많이 침
투해 있다. 80년대 이후에 대학생 중심으로 순수한 우리말을 찾으려는
의지를 나타내었다. 특히 사람의 이름을 우리말로 지으려는 경향이 두
드러진다. 그 예를 들어 보자(괄호 안은 그 전의 말).

(5) 동아리(써클), 모꼬지(축제), 새내기(신입생), 한송이, 강나루, 손아름, 이
    한별, 성나리 등

3.2. 외래어를 많이 쓴다

우리말에는 수많은 외래어(또는 외국어)가 각 방면에 걸쳐 침투해 있다. 이는 일본이나 서양의 문물이 우리 생활의 기반이 되었음에 기인한다. 더구나 요즘은 컴퓨터가 많이 보급되어, 그 용어라든가 '인터넷' 등에 관한 어려운 말이 더욱 많이 전파되는 상황에 있다.

도저히 우리말로 바꿀 수 없는 경우라면 몰라도, 분명히 우리말로 쓸 수 있는 것인데, 멋스럽게 보이려거나, 지식을 뽐내려거나, 우리말을 몰라서 외래어(또는 외국어)를 쓰는 것은 문제가 있다. 외국에서처럼 새로운 외국어가 도입되면, 국가기관이나 학회 같은 데서 우리말로 바꿀 수 있는 제도가 필요한데, 우리는 그런 노력을 하지 않는 듯하다. 흔히 사용되는 외래어의 예를 조금 들어 보자.

(6) 입는 것: 스커트, 원피스, 투피스, 스타킹, 자켓, 런닝셔츠, 넥타이, 팬티 등
    먹는 것: 커피, 드링크, 코카콜라, 사이다, 빵, 수프, 버터, 제리, 위스키 등
    타는 것: 택시, 버스, 오토바이, 헬리콥터, 스키, 스케이트, 모터보트 등
    사는 곳: 아파트, 빌딩, 빌라, 호텔, 모텔 등
    쓰는 것: 볼펜, 잉크, 노트, 샤프심 등
    컴퓨터: 램, 비트, 하드웨어, 부팅, 백업파일, 네티즌, 웹사이트, 홈페이지,
        마우스 등
    기타: 모델, 탤런트, 아나운서, 엠씨, 쇼핑, 데이트, 게임, 와이프, 컨디션,
        바캉스, 버튼, 마이크, 아르바이트, 리모콘, 모델 하우스, 서비스
        센터, 스카치 테이프, 인터 체인지 등

3.3. 유행어·은어를 많이 쓴다

젊은이들은 유행어·은어를 많이 만들어 사용한다. 이것은 그들이 지니고 있는 관심과 사고와 행동을 나타내고 있으며, 또한 사회의 단면을 반영한다고 할 수 있다. 유행어·은어는 학습, 남녀의 만남(미팅), 인물, 성(性), 학생운동, 기타의 명칭·움직임·상태를 표현하는 것으로 대별할 수 있다. 그 예를 몇 개 들어 보면 다음과 같다(괄호 안은 의미).

(7) 학습: 때리기(컨닝), 땡땡이(결석), 소나기(벼락공부), 선포생(선생님이 포기한 학생), 죽쑤다(시험을 잘못 보다), 반타작(50점), 안경파(학사경고 받은 이), 단개비(시간강사), 소태(학점이 박한 교수), 달동네(강의실 뒷좌석), 링컨(컨닝), 잠수함(수업시간에 잠자는 이), 중앙방송(교수 강의), 커리(교과과정), 손톱(C학점), 안경(B학점), 우유학점(평량평균 3.4), 조미료학점(평량 평균2.5), 칼스버그 (장학금)등

　　미팅: 폰팅(전화미팅), 소개팅(소개로 하는 미팅), 미추위(미팅추진위원회), 친중반소(중매를 좋아하고, 소개는 싫어 함), 총대메기(미팅에서 인기 없는 사람의 파트너가 되는 것), 뽕빨낫다(미팅이 깨졌다), 독립군(파트너없는 남자), 깔(이성친구), 아카(정체를 알 수 없는 파트너), 쌀카(쌀쌀 맞은 파트너), 구텐타카(별 볼 일 없는 파트너), 장닭(완전한 남자), 해태사이다(좋은 사이), 밥풀(늘 붙어 다니는 사이), 팅돌이(미팅을 자주 하는 남자), 미순이(미팅을 좋아하는 여자), 허벌창(헤픈 여자), 개나리(행실이 나쁜 여자), 밭갈이(애인을 바꿈) 등

　　인물: 냄비(애인), 쪼비리(중학생), 고삐리(여고생), 알맹이(신부감), 비행단(비행소년), 농사꾼(세련되지 않은 이), 푸들(1학년 여대생), 까치독사(2학년 남학생), 가을남자(추남), 공순이(공부만 하는 여자), 꼬꼬돌이(디스코장에 자주 가는 이), 늦숭이(눈치가 느린 이), 두꺼비(도서관에만 있는 이), 몸방이(몸만 가지고 학교 다니는 여자), 삐순이(잘

토라지는 여자), 신내기(신입생), 왕소금(구두쇠), 쥐씨알(키 작은 여자) 등

성: 보랭이(여자성기), 촛대(남자성기), 꽃순이(창녀), 쪼가리(키스), 해방처녀(혼전임신녀), 건포도(작은 가슴), 물물교환(성행위), 고추잠자리(팬티), 라자(브라자) 등

학생운동: 구름과자(최루탄), 꽃병(화염병), 이파리(경찰), 귀갑이(각목), 풀잎(잡혀간 학생), 물량 공급(돌 나르기), 햇빛사냥(출감), 블랙박스(페퍼포그차) 뿌(프락치), 수거(수업거부), 꼼자(공산주의자), 아지(선동), 닭장차(전경차), 목(각목), 살풀이(시위), 알(혁명), 빌(이동), 찌라시(유인물) 등

기타: 쩐(돈), 빼빼로(담배), 꿀(양주), 구슬치기(당구), 뻥(거짓말), 쪽팔리다(창피하다), 재수없다(기분 나쁘다), 갈구다(짜려 보다), 쌩까다(모른 체하다), 별장(화장실), 삼수갑산(파출소), 뽀대기 불기(본드 냄새 맡기), 만두가게(오락실), 딱새(성냥), 빨간책(음란서적), 땅냄새 난다(키가 작다), 빡시다(힘들다), 개기다(반항하다), 짜져(사라져), 뽕빨나다(신나다), 짱박히다(숨다) 등

3.4. 수수께끼를 많이 이용한다

수수께끼는 일정한 해답을 요구하는 사물의 비유적 묘사나 표현, 또는 그것을 알아맞히는 놀이를 말한다. 청소년들은 기발한 문제를 만들어, 상대방으로 하여금 답을 예측하기 어렵게 할 뿐만 아니라, 해학과 기지가 넘치는 질의, 응답을 유도하고 있다.

(8) 순전히 재수로 한 몫 보는 곳은?――― 재수학원(再修學院)
　　떠난 임을 한 마디로 줄이면?――― 놈
　　슬프기에 기쁨이 있는 곳은?――― 장의사

'고추씨를 말리라'는 사람은?--- 가족 계획 홍보원

최근 가족 계획 구호는?--- 밤에는 잠만 자자

문어의 다리와 팔을 구분하는 방법은?--- 문어의 머리를 때려서 먼저

올라가는 것이 팔이다

종은 누구를 위하여 울리나?--- 수업중인 학생을 위하여

차도가 없는 나라는?--- 인도(印度)

흥부가 제일 좋아하는 성(姓)은?--- 박씨

미역장수가 좋아하는 산(山)은?--- 출산(出産)

오리의 방석은?--- 물

법 없으면 살 사람은?--- 사형수

무릎과 무릎 사이에 있는 것은?--- 과(助詞)

도둑놈이 좋아하는 노래는?--- 밤안개

더러워서 내는 것은?--- 오물 수거료

공처가와 애처가의 공통점은?--- 남자

3.5. 속담·금언·격언·표어를 변형시킨다

세상에 잘 알려진 속담, 금언이나 격언, 표어 등을 변형하여 다른 의미가 되도록 하거나, 반대의 내용이 되도록 만든다. 그러나 그 속에는 진리와 교훈이 담겨져 있는 경우가 많다.

(9) 가물면 아무것도 안 난다.

급할수록 지름길로 가라.

소 잃고 외양간 고친다.

배고픈 소크라테스가 되기보다는 배부른 돼지가 되겠다.

땅짚고 투기하기

재수가 있으면 최루탄도 피해 간다.

나그네는 쉬지 않는다. 다만 여관에서 잘 뿐이다.

아는 길은 곧장 가라.

원수는 택시 합승하다 만난다.

견인차도 주차 위반할 때가 있다.

서당개 삼년이면 보신탕감이 된다.

3.6. 해학·풍자적인 말을 만든다

익살스러우면서도 풍자가 들어 있는 것이 해학이며, 어떤 사물에 대하여 빗대고 조소하고 폭로하여 찌르는 것이 풍자다. 한창 지성과 비판력이 높아져 가는 청소년들에게 이 세상의 모든 대상이 해학과 풍자의 자료가 된다.

(10) 컨닝의 3대 요소---눈동자의 자유화, 손동작의 컴퓨터화, 안면의 철판화

　　　모유의 장범---데울 필요가 없다, 휴대가 간편하다, 분실·도난의 염려

　　　　　　　　　가 없다, 상하지 않는다, 용기가 깨지거나 새지 않는다,

　　　　　　　　　공짜다

　　　낙서의 3대 강령---때와 장소를 가리지 않는다, 필기도구를 가리지

　　　　　　　　　않는다, 체면을 차리지 않는다

　　　교통사고(四高)---버스요금, 택시요금, 교통위반, 차주큣대

　　　독재화 4대 노선--- 전 대학의 폐쇄화, 전 민주인사의 구속화, 전 언론의

　　　　　　　　　통합화, 전 군부의 집권화

　　　90년대의 3불출---주가의 앞날을 묻는 사람, 소련에도 못 가 본 사람,

　　　　　　　　　국회의사당에서 진정한 정치인을 찾는 사람

　　　아들의 차이---신의 아들(군면제자), 장군의 아들(육방, 6개월 방위),

　　　　　　　　　사람의 아들(십팔방, 18개월 방위), 어둠의 자식(현역병)

4. 맺는 말

광복 후 급변하는 사회·정치적 상황이 청소년들의 언어에 미친 영향은 지대하다. 표준어와 맞춤법이 급속하게 교육되었으나, 외래어가 다량 침투되고, 유행어·비어·은어 등이 발달하는 토양도 마련되었다. 이후 교육, 대중 언어 매체, 교통의 발달로 언어의 개신 속도가 빠르게 되었으며, 계속되는 정치의 난맥상과 사회의 혼란은 청소년들의 사상과 사고, 관습과 행동에 많은 영향을 주었다. 그러므로 청소년들의 언어에는 당시의 사회상이 잘 들어나고 있다.

현재 청소년들이 사용하는 언어의 특색을 몇 가지 들어 보면 다음과 같다.

첫째, 새 단어를 만드는 방법이 다양하다. 즉 사물의 모양이나 성질을 묘사하거나, 단어의 음절을 거꾸로 하거나, 단어의 첫음절을 합성하거나, 접두사 접미사를 붙이거나, 동음어를 이용하기도 하고, 의미를 바꾸거나, 비유·상징을 이용하여 새 단어를 만든다. 또한 어원을 전혀 알 수 없는 경우도 있다.

둘째, 노골적이고 야비한 표현이 적지 않고, 비교양적인 내용을 담고 있는 경우도 많다.

셋째, 청소년들의 관습, 관심, 비판력, 지식의 정도를 가늠해 볼 수 있다.

넷째, 사회·정치·교육 등에 관한 해학과 풍자를 담고 있는 경우도 많다.

물론 그 외에도 특기할 만한 사항이 적지 않으나 줄이기로 한다. 다만, 이런 언어현상에 대하여, 언어순화의 관점에서 또는 윤리·도덕적인 측면에서 우려하는 견해가 있을 수 있다. 그러나 언어는 항상 변하는 특성을 가졌고, 특히 유행어나 은어는 그 생명이 길지 않으며, 시간적·공간적 제약을 받기 때문에 큰 문제가 되지는 않는다. 오히려, 청소년들의 생각과 행동이 이런 언어를 통하여 표출된다고 보고, 이들에 대한 이해의 폭을 넓혀 교육적으로나 윤리적으로 선도해 나갈 수 있는 방안을 모색하는 것이 더 바람직스럽지 않을까 한다.

간판과
도로의 이름에 대하여

1. 들어가는 말

간판과 도로의 이름은 우리들이 실생활에서 날마다 접하게 되는 것이며, 그민큼 우리의 언어생활에 영향을 미치는 바도 큰 것이다. 그런데 이렇게 우리에게 중차대한 간판과 도로의 이름이 외국어로 점철된다거나 외국 문자로 마구 표기된다면, 우리의 말과 글이 한없이 훼손될 것임은 의심할 여지가 없다.

최근에 조사된 바로는 뜻을 알기 어렵고, 읽기도 쉽지 않은 간판도 많지만, 재미있고, 해학적이고, 뜻도 알기 쉬운 간판들이 늘어나고 있다고 한다. 필자가 조사한 바로도 아름답고 좋은 뜻을 가진 우리말로 이름을 지은 간판이 많음을 알 수 있었다.

또한 도로 이름도 어려운 한자어보다 쉬운 우리말로 지으려는 노력들을 지방 자치 단체들이 하고 있다고 한다. 예컨대 조선일보(2002)에 의하면, "서울의 길 이름이 쉽고 아름다운 우리말로 바뀌고 있다. '○○구 ○○동 x번지' 같은 행정 용어에서 정겹게 변하는 길 이름은 600년 고도(古都) 서울에 새싹이 돋는 듯한 느낌마저 준다."고 한다.

이 글에서는 이러한 간판과 도로의 이름을 필자가 살고 있는 서울의 강북구 일부에 한정시켜 조사해 보고, 이를 분석하여 그 현황을 살펴보려는 데 목적을 둔다. 간판과 도로의 이름을 짓기의 방법과 표기의 방법으로 나누어 기술하고자 한다.

간판과 도로 이름은 두 부분으로 구성되어 있는데, 뒷부분은 일반적인 이름, 즉 업소의 종류를 나타내거나 길, 혹은 도(道), 로(路)로 되어 있고, 앞부분은 개별적인 이름을 나타내고 있다. 이 글에서 다루려는 부분

은 주로 앞부분, 즉 개별적인 이름이다.[1]

2. 간판의 이름짓기와 쓰기

간판의 이름짓기와 표기를 살펴보면 다음과 같다.

2.1. 간판의 이름짓기

반세기 전의 우리나라 여러 곳의 자료를 보면, 간판이 거의 한자어로 된 것이 주류를 이루었는데, 요즘은 그런 한자어는 잘 쓰이지 않고, 반면에 순수한 우리말로 이름을 지은 것이 대부분이다. 게다가 단어만이 아니라, 구·절이나 문장을 사용하여, 상대방에게 친근감을 느끼게 하고, 재미있게 하려는 경우도 흔하다.

인터넷(김남수 2006)에서 소개하고 있는 재미있는 간판들에는 다음과 같은 것들이 있다.(( ) 안은 업종)

(1) 구르믈 버서난 달처럼 (전통주, 전통차등을 파는 주점), CD가 있는 마을 미르소프트(컴퓨터 및 각종 게임기 소프트 웨어 대여점), 박씨 물고온 제비 (커피 전통차, 전통주, 식사), 은비가 내리는 나라 (웨딩드레스등을 파는 토탈 웨딩숍), 김밥나라 라면천국(김밥 라면 분식 등을 파는 분식집), 계눈 감추듯이 (우동전문점), 웃으면 돼지 (돼지 소금구이점), 두발검사 (미용실), 김진태와 386의 꿈(386세대를 타겟으로 하는 주점), 한방 꽉찍고 박

---

[1] 간판과 도로의 경우 앞부분은 전부 요소, 혹은 고유 명사라 할 수 있고, 뒷부분은 후부요소, 혹은 일반명사라 부르기도 한다.

고(스티커사진 전문점), 방과후 클럽 (스티커사진 전문점), 만화방에서 쉬리 (만화방), 영화같이 사는 사람들(비디오방), 간판을 연구하는 사람들 (간판가게)

그런가 하면, 이른바 엽기적인 간판이라고 하여, 다음과 같은 예들을 소개하고 있다.(서정교 1994)

(2) 쥐발로 걸어나갈때까지(노래방 이름), 위풍닭닭(양념치킨집), 광어생각(횟집이름), 돈내고돈먹기(돼지갈비집), 쏙닭쏙닭(치킨호프집), 잔비어쓰(호프집), 미의 비밀은(화장품가게), 선영아 머리해(미용실), 부정부페(뷔페식당), 라면군, 우동군 그리고 김밥양과의 삼각관계(분식집), 백설탕(목욕탕), 코스닭(닭집), 버르장머리(미용실), SOSARA(남성정력제), 순대렐라(순대집), 곽부성(중국집), 진짜루(중국집), 알아버린며느리(떡볶이집), 마우스프랜드(쥐약), 갖다줄까? 니가올래?(야식배달집), 머 먹게요?(레스토랑), 탄다(생선구이집), 당신이머문자리는아름답습니다(카페)

필자가 살고 있는 서울의 강북구 일대에서 간판을 조사한 자료를 분석한 결과 다음과 같은 특성을 알 수 있었다. 간판의 이름을 짓는 방법은 첫째, 순수한 우리말로 짓는 방법 둘째, 한자어로 짓는 방법 셋째, 외국어로만 짓는 방법 넷째, 한자어 혹은 외국어와 우리말을 섞어서 짓는 방법으로 나누어 볼 수 있다.

2.1.1. 순수한 우리말

'서울'과 같은 땅이름, '놀부, 석이네'와 같은 사람이름 등을 앞에 붙인 것을 제외하고, 순수한 우리말로 지은 이름을 들어 보면 다음과 같다.
(( )안은 후부요소가 없는 경우 업소 종류를 나타냄)

(3) 아낙건강원, 믿음건강원, 꽃과 참숯이야기(공예), 햇빛교회, 이사랑(교회), 밝은교회, 읽을꺼리볼꺼리(도서대여점), 푸른숲, 늘봄책대여점, 소나무독서실, 한빛동물병원, 해와 달(떡집), 우리떡방앗간, 고향떡고추, 디딤돌(식당), 또또랑문구, 머리쟁이(미용실), 가위손(미용실), 자르세(미용실), 머쩐날(미용실), 버르장머리(미용실), 엄마손(반찬가게), 참맛든 김치(반찬가게), 맛자랑반찬, 호박공인중개사, 가나부동산, 하나부동산, 동네방네(부동산), 우리부페, 우리집분식, 먹거리분식, 김밥마을(분식), 할머니분식, 하얀집(분식), 싱싱마트(상점), 우리비디오, 꼬마이삭(선물점), 새로마세탁, 하얀세탁, 예쁜옷방(수선), 빨간우산(수예점), 고운뜨게방(수예점), 사랑마트, 한아름마트, 우리슈퍼, 새로나 슈퍼, 믿음마트, 바로약국, 한마음약국, 곰두리놀이방, 에뜨락놀이방, 예쁜놀이방, 엄마손어린이집, 또래어린이집, 아가방(유아용품), 오누이유치원, 꿈동산유치원, 한별유치원, 꿈초옹유치원, 꼼장어와닭똥집의찡한만남(음식점), 엉타리(음식점), 나들목(음식점), 할멈냉면(음식점), 너와집(음식점), 오리사냥(음식점), 옛날수제비, 꽁보리밥(음식점), 먹을까싸갈까(음식점), 손칼국수전문(음식점), 우리집김밥(음식점), 밀마당(음식점), 오얏나무골(음식점), 갯마을칼국수(음식점), 할범냉면(음식점), 두손식당, 조마우뼈다구(음식점), 냄비속바다(음식점), 버드나무집(음식점), 다래식당, 단골집(식당), 바지락칼국수, 골목집(식당), 여우멋내기(의류점), 옷이야기(의류점), 한별청과, 샛별청과, 누리피아노, 늘고운피아노, 예소리피아노, 딩동댕음악학원, 으뜸미술학원, 으뜸피아노, 새빛음악학원, 꿈이있는피아노, 샘골글짓기(학원), 풀잎미술캠프(학원), 도란도란(호프집), 어제왔던집(호프집), 꽃들의이야기(꽃집), 꽃들이랑(꽃집), 꽃동산화원

이상의 예들을 살펴보면, 우리말로 된 이름들은 예쁘고 정스런 단어로 이루어졌으며, 어떤 이름들은 구나 절로 구성되어 재미있고, 웃음이 절로 나는 그런 것들이 많다.

2.1.2. 한자어

한자어는 한글로 썼든, 한자로 썼든 관계없이 원래가 한자어라고 생각되는 것을 모두 망라한다.([ ]안은 필자가 한자로 바꾼 것, ( )안은 업종)

(4) 목화방[木花房](가구점), 호수[湖水]광고(간판), 토속[土俗]건강원, 청운[靑運]건강원, 화수분[花樹盆](공예), 대은[大恩]교회, 창조[創造]교회, 천보당[千寶堂](귀금속), 명금당[名金堂](귀금속), 현대[現代]기원, 웅지[雄志]독서실, 수정[水晶]독서실, 풍년[豐年]떡집, 제일[第一]떡집, 낙원[樂園]떡집, 오복[五福]떡방앗간, 고향[故鄉]떡고추, 상아[象牙]떡집, 남양[南洋]렌트카, 동보탕[東寶湯], 소천탕[小泉湯], 동진[東進]목욕탕, 형제[兄弟]문구, 은혜[恩惠]문구, 대성[大成]문구, 성신[誠信]문구, 동성[東星]식품, 홍익[弘益]건축, 태양[太陽]설비, 반석[盤石]보일러, 호박[琥珀]공인중개사, 은성[銀星]공인중개사, 미래[未來]부동산, 상아[象牙]부동산, 대성[大成]부동산, 행운[幸運]공인중개사, 양지[陽地]부동산, 삼성[三星]부동산, 제일[第一]공인(부동산)

위에 든 예들을 살펴보면, 한자어로 된 이름들은, 좋은 뜻을 가졌으며, 그 업소와 관련되어 예측이 가능하거나, 흥미를 느낄 수 있는 단어들로 이루어졌음을 알 수 있다.

2.1.3. 외국어

외국어는 영어를 비롯하여 불어, 독일어 등 많은 언어들이 쓰이고 있다. (약자 포함)

(5) 엔조이(피씨방), 인터넷라인(피씨방), 데코라인(가구점), 드림랜드(놀이터), 임마뉴엘교회, 디오니스(꼬치구이), 오딧세이(꼬치구이), 토크쇼(꼬치구

이), 콘서트(꼬치구이), 해프닝(꼬치구이), 엔조이락(꼬치구이), 인너센스(내의점), BYC(내의점), 보디가드(내의점), 파워란제리(내의점), 앵콜노래방, 칼라노래방, 캉가루(당구장), 애플돈까스, 빌라델비아(돈가스), 밀리니엄돈까스, 포시즌돈까스, 베네치아노(식당), 하니문구, 알파문구, 시몬문구, 쇼핑문구, 실로암문구, 아트랜드(문구), 헤어나이스(미용실), 아르떼미용실, 허밍헤어, 로즈헤어클럽, 정수헤어스케치(미용실), 헤어나라(미용실), 영헤어뱅크(미용실), 마샬헤어라인(미용실), 헤어퀸(미용실), 헤어걸(미용실), 헤어클럽(미용실), K2미용실, 김스헤어칼라, 헤어천사(미용실), 헤어마띠(미용실), 이화령헤어컷, 이평헤어갤러리(미용실), 리라미용실, 초안헤어라인, 미사랑헤어모드, 가나안즉석식품, 세진인테리어, 수고보일러, SK가스보일러, 주공랜드(부동산), 부동산뱅크, 부동산빌리지, 부동산뉴스(복덕방), 부동산써브희망, 삼성토탈OA프라자(사무기기), 참빛포토(사진관), 스타스튜디오(사진관), 포토클럽(사진관), 샘칼라스튜디오(사진관), 강철민헤어스튜디오(사진관), 월드포토사진실, 심플사진관, 베데스타(선물용품), 미미아트(선물용품), 조박사크리닝(세탁소), 골든라이프크리닝(세탁소), 화이트세탁, 잉꼬세탁소, 그린세탁소, 럭키슈퍼렛, S마트, 슈퍼빅마트, 빅마트, 양지하이퍼마트, B-마트, 드림마트, 코아아트(쌀가게), 요술램프(아동복), 리틀베베(아동복), 리틀하우스(아동복), 필안경점, 뉴알프스안경, 그린안경, 신창프라자약국, 대우마트약국, 서울몬테소리(어린이집), 삐아제어린이집, 리틀어린이집, 해피몰(유아용품), 해피랜드(유아용품), 벤지민클럽(유아용품), 드림생고기, 패밀리(의류), 코디뱅크(의류), 우성토탈패션(의류), 실버커치신창점(의류), 패션방(의류), 러브랜드(의류), 삼익익스프레스(이삿짐), 한진트렌스(이삿짐), 에이원(인쇄), PC머신(인터넷), 스타쉽월드(인터넷), n골리앗인터넷, 그린인테리어, 엘리제(제과점), 쩨자르베이커리(제과점), 맥필드베이커리, 케익하우스, 티아미스베이커리, 영베이커리, 샹하이(중국집), 초이스모노륨(지물장식), 키즈유아체능단(학원), 로얄아기스포츠단(학원), 캐슬바베큐치킨(닭), 페리카나치킨(닭), 포콘스치킨(닭), 에덴자동차공업사, 마스터카센타, 월드카마

스타(차수리), 우먼로드(커텐), 드림컴퓨터, 퀵스마일(빠른배달), 영마트
(팬시점), 캐릭터왕국(팬시점), 아트프라자(팬시점), 7일레븐(편의점), 리
틀디즈니랜드(학원), 모드컴퓨터학원, 예능프리스쿨어린이집, 벨칸토음
악학원, 엔젤컴퓨터학원, 킹스프링학원, 미국랭귀지스쿨, 아페르토음악
학원, 필하모니음악원, 베스트보습학원, 월드남녀헬스타운(헬스), 라인에
어로비, 자이언트치킨호프, 센스화장품, 라인헬스

위의 예들을 보면, 영어로 된 단어뿐만 아니라, 세계 각국의 말들이
쓰이고 있음을 알 수 있다. 이 경우 어떤 것은 그 뜻이 업종에 잘 맞아
좋은 이름이 된 것도 있지만, 어떤 것은 왜 그런 말이 쓰였는지, 정말 그
뜻이 어울리는지 알 수 없는 것도 많다. 또 한 편으로는 외국어를 무조
건 선호하는 이유에서 나온 것일 수도 있지만, 왜 우리말을 두고 외국
어를 사용하는지는 알 수 없다. 외국에서는 외래어라 해도 자기들 말
의 의미나 음을 이용하여 바꾸어 쓰기도 한다. 예컨대 중국에서도 고유
명사만 아니고, 일반명사로 쓰이는 것까지 자기들 말로 바꾸려고 노력
하는 것을 볼 수 있다. 예를 들면, '슈퍼마켓'을 '超市'라고 하며, '텔레비
전'을 '錄像機'라고 한다. 한편 '코카콜라(coca cola)'는 '口可口樂', '카르푸
(carrefour)'를 '家樂福'이라고 한다. 전자는 의역을 한 것이고, 후자는 우리
식으로 하면, 외래어 표기법으로 쓴 것인데, 발음은 원어와 유사하다. 우
리나라도 일반명사로 된 것을 우리말로 바꿀 수 있는 것은 의역을 해서
쓰는 것이 좋을 것이다.

2.1.4. 우리말과 한자어 혹은 외국어의 혼합

순수한 우리말과 한자어 혹은 외국어를 혼합해서 쓰고 있는 예는 다
음과 같다.([ ]안은 필자)

(6) 미[美]사랑헤어모드(미용실), 샘칼라스튜디오(사진관), 아름다운공간(수
    족관), 초안새롬마트(상점), 아이들세상(아동복점), 동화나라어린이집, 토
    종흑돼지구이, 남가네해물칼국수, 로얄아기스포츠단(학원), 아름다운스
    킨케어(피부관리), 예능프리스쿨어린이집(학원), 로얄어린이바둑교실(기
    원), 보라그림마을예능유치원, 탑글쓰기논술교실, 풀잎미술캠프(학원),
    꽃향기가득한집(화원)

2.2. 간판의 쓰기

간판의 표기는 크게 세 가지로 나누어 볼 수 있다. 그 하나는 한글로
표기하는 것이고, 또 하나는 한자로 쓰는 것이며, 그리고 또 한 가지는
외국 글자로 쓰는 것이다. 외국 글자는 크게 영어를 비롯한 로마자, 러시
아 글자, 그리고 일본 글자 등이다.

2.2.1 한글

대개의 간판은 한글로 되어 있다. 몇 십 년 전의 간판과 비교해 보면,
요즘의 간판은 획기적으로 한글로 바뀌었다. 이는 이제 광복 후에 태어
난 한글세대가 국민의 주류가 되었기 때문에 한자어로 된 간판은 효용
성이 없어졌기 때문이다. 그 예를 몇 개 들어보면 다음과 같다.

(7) 자전거백화점, 신관세차장, 양양화물, 해변마을, 비어비어, 호국태권도,
    송원장, 향음피아노, 꿈동산주유소, 엄마손, 한우일번가, 백양사, 머리쟁
    이, 오복떡방앗간, 우리비디오, 용진금속, 보림쌀, 바로약국, 영진슈퍼, 고
    운뜨게방

2.2.2. 한자

오늘날 한자는 간판에 특수한 업종 이외에는 잘 쓰이지 않는다. 혹 일본인이나 중국인들을 위하여 한자를 사용한다고 해도, 그들이 사용하는 한자어는 이른바 간체자(簡體字) 등이 다르고, 단어의 의미도 다르기 때문에 별 효용성이 없다고 판단되기 때문이다. 몇 가지 한자로 표기한 예를 들어 본다.

(8) 株式會社 進雄産業, 강릉家 회무침, 地(술집), 恩惠苑(중국집), 靑華樓(중국집), 東海樓(중국집), 福星莊(중국집), 迎賓閣(중국집), 金華閣(중국집), 新天地(중국집), 萬里長城(중국집)

2.2.3. 외국 글자

영어를 비롯한 로마자, 러시아 문자 등 을 망라한 것이 여기에 속한다. 이는 우리나라가 국제화, 세계화되어 가는 이유도 있지만, 외국어를 선호하는 사람들에게 좋은 느낌을 주려는 의도에서라고 생각된다. 한편 동대문 근처에는 러시아 상인들이 많이 오기 때문에 러시아 글자가 많이 쓰인다.[2] 물론 이태원 등지에는 영어로 된 간판이 많음은 불문가지다. 영어로 표기한 예를 들어보면 다음과 같다.

(9) njoy(pc방), Tousjours(식당), GIORDINO(의류), LG Telecom, KAPP(의류), Clride(의류), Levi's Store(의류), Geebar(술집), DUNKIN DONUTS (빵), BR Baskin Robbins(제과), FIRA(의류), RED MANGO(과일 요구르트 전문점), THE BODY SHOP(화장품),

---

2 최근에처럼 러시아 상인들이 몰려오면서 동대문 근처에는 러시아어, 혹은 러시아 문자로 된 간판이 우수죽순처럼 나타났다. 이와 같은 현상은 외국에서도 볼 수 있는데, 예컨대 중국의 유명한 관광지나 시장에는 한국어 간판이 많이 있고, 공항에도 한국어, 한글로 된 간판을 볼 수 있다.

THEFACESHOP(화장품), STCO SHIRTS & TIE CORDINATION(의류), PUMA(의류), BASIC HOUSE LIFE TIME WEAR(의류), Phone & fun(전화기), WINCLASS IBK PRIVATE BANKING(사설은행), BANG BANG(의류), OUTBACK STEAK HAUSE, NIKON(카메라), MOTOLORA(전화기), Friandise Bakery(제과점), KFC, BESS BELLA(하비만관리소), yetts(의류), MISSHA(화장품), JOSSI, UP(술집), GAME VILLAGE, hanaro telecom, BOSCH(공구), Chasarang(주유소), TIRE, GS supermarcket, PC Clup, Hair BOGO, Smart, TEFF(의류), KTF, LG25, BMA학원, CMS영어

3. 도로의 이름짓기와 쓰기

도로의 이름은 몇 가지로 나누어 볼 수 있다. 첫째는 오래 전부터 이미 불려오던 것이고, 둘째는 새로 만들어진 도로에 붙여지는 것이며, 셋째는 그 전부터 전해지던 이름을 새로운 이름으로 바꾸어 부르는 것이다.

첫째는 이미 널리 쓰이게 된 것으로 큰 문제가 될 것이 없을 터이나, 둘째와 셋째는 신중을 기해서 정해야 할 것이다. 알려진 바에 의하면, 각 지방 자치 단체에서는 지명위원회 등을 두어 자문을 구하기도 하고, 권위 있는 학회 등에 자문을 구하기도 한다.[3]

---

3 예컨대 한겨레신문 (2000년 7월 22일 사회면 기사)에 의하면, 다음과 같은 기사가 보인다.

"너벌섬길, 둔지미길, 닭전머리길, 홍촌말길…. 지금은 낯설게 들리지만 100년 전 조상들은 일상적으로 이런 이름을 썼다. '너벌섬길'은 서울 여의도의 원래 이름, '너벌섬'에서 왔다. '너른 벌판이 있는 섬'이라는 뜻이다. '둔지미길'은 대전 대덕연구단지가 있는 둔산동에서 유래하는데, 외따로 떨어져 있는 산을 의미한다. 광주 서구 월산동 '닭전머리'길은 닭을 많이 팔던 시장의 역사에서 비롯됐다. 닭전머리엔 지금도 광주에서 가장 큰 재래시장인 양동시장이 있다. 과천 정부종합청사 근처 '홍촌말길'은 청사가 들어서기 전 홍씨성을 가진 주민이 많이 살았던 데서 생겨났다. 전국 각 지방자치 단체들이 새주소를 만들어 주는 일을 벌이면서 '발굴'한 이름은 약 1만여 개 정도로 추정된다. 새 이

한국땅이름학회(2005)는 실제로 그런 지방 자치 단체에 자문으로 참여하였다고 하는데, 그 현황에 의하면, "옛 땅이름을 잘 살려 지은 길이름 중심"으로 다음과 같은 예들을 들었다.

(10) 학실길, 사도감길, 학봉길, 논고개길, 청숫골길, 갯벌길(이상 서울 강남구), 동이점길, 사기장골길, 당골길, 마리들길, 외마루길, 다락골길(이상 충남 공주시), 사리길, 새터길, 골우물길, 둔배미길, 고잔길, 성머리길(이상 경기도 안산시), 섬말길, 쇠코바우길, 숲거리, 홰나무거리, 방자고개(충북 청주시), 솔뱃등길, 숲머리길, 능말길, 안말길, 매끝길, 가맷길(이상 경북 경주시), 호리목길, 돌다리길, 자라산길, 복은말길, 탑골길, 황새골길(경기 성남시), 샛고개길, 독정길, 숯골길, 잣솔길, 모란길(이상 경기도 성남시), 배알미길, 더운우물길, 창모루길(이상 경기도 하남시), 향교말길, 새술막길, 홍촌말길, 선바위길, 외점길(이상 경기도 과천) (이하 생략)

지방 자치 단체마다 차이가 있기는 하겠지만, 이와 같은 노력은 점차 좋은 결실을 거둘 것이라는 데는 의심의 여지가 없다.

3.1. 도로의 이름짓기

도로 이름을 짓는 방법에는 동기 별로 분류할 수도 있고, 언어(?) 별로 분류할 수도 있는데, 여기서는 후자로 분류하기로 한다. 말의 종류로는 고유어, 한자어, 외래어로 나눌 수 있다.

름 4만여 개 중 25% 정도를 차지한다. 나머지는 '한마음길', '보람길' 등 지역과 상관없이 듣기 좋고 뜻좋은 추상명사를 붙인 것이 많다.
옛 이름을 찾아내려는 노력을 얼마나 기울였는가에 따라 지방자치 단체별로 차이가 많다. 내년부터 새로운 길이름으로 도로안내판을 정비하는 서울의 경우 5000여 개 새 이름 중 1500여개가 고장의 역사 및 유래와 관련된 것이다."

동기 별로 이름짓는 방법은, 역사적인 인물의 이름을 붙이는 것, 주변에 있는 유명한 유적이나 유물 또는 사물의 이름을 붙이는 것, 지형이나 도로의 모양을 따르는 것, 전설이나 설화 등에 따르는 것 등으로 구분할 수 있다.

첫째, 역사적인 인물의 이름을 붙이는 것은, 국내나 국외의 역사적인 인물의 이름을 붙이는 것은 외국에서도 흔한 일[4]로 우리나라의 서울에서는 다음과 같은 예들을 들 수 있다.

(11) 을지로, 퇴계로, 세종로, 충정로, 원효로

둘째, 유적, 유물, 사물의 이름을 붙이는 것으로, 절이나 궁궐, 탑이나 묘지 등이나 나무, 바위 등의 이름을 붙이는 경우로서 다음과 같은 예들을 들 수 있다.

(12) 종로, 남대문로, 화계사길, 느티나무길, 넓바위길, 한글비석길, 모래내길

셋째, 지형이나 도로의 모양을 따르는 것으로는 다음과 같은 예들을 들 수 있다.

(13) 삼각지, 당고개길, 만리재길, 서창고갯길, 거북골길, 시루봉길

셋째, 전설이나 설화 등에 따르는 것으로는 다음과 같은 예들이 있다.

(14) 피맛길, 망우로, 애오개길, 칠패길

---

4 예컨대 'Boulevard Victor Hugo Bd.'라든가, 'Avenue du Président Wilson'과 같은 예가 그것이다.

이 글에서 다루려는 것은 도로 이름의 어원으로 분류하는 것이다. 여기에는 순수한 우리말로 지은 것, 한자어로 지은 것, 외국어로 지은 것들이 있다.

3.1.1. 고유어

순수한 우리말로 지은 길이름에는 옛날부터 전해오는 것도 있으나, 최근에 지방 자치 단체에서 거리마다, 골목마다 새로 지은 것들이 대부분이다. 물론 여기에는 위에서 살펴본 어떤 동기와 관련이 있다.

(15) 무너미길, 가오리길, 아리랑길, 달맞이길, 벚꽃길, 큰마을길, 솔샘길, 우이새싹길, 샘골길, 꽃샘길, 신창냇길, 버들길, 느티나무길, 신창새싹길, 재롱길, 배밭길, 마들길, 한마음길, 샘골4길

3.1.2. 한자어

한자어로 된 길이름은 대체로 옛날부터 불러온 것들이 많다. 물론 여기에도 어떤 동기와 관련되어 있다.

(16) 향숫길, 한천로, 화계사길, 인수봉길, 오패산길, 쌍문동길, 숭인로, 도봉로, 오현길·우이천길, 백운봉길, 은행나무길, 월계로, 번리길, 신창시장길, 동부간선도로, 해동길, 창골길, 노해길, 황토길, 신창장터길, 양조장길

3.1.3. 외국어

외국어로 된 길이름은 흔하지는 않지만,[5] 어떤 사물과 관련이 되어 지어졌다.

---

5 서울에서 '테헤란로' 같은 것이 이에 속한다.

(17) 아카시아길

3.2. 도로 이름의 표기

길이름 표기는 한글과 로마자 표기로 나눌 수 있다. 요즘 도로 이름에는 한자가 안 쓰이는 것으로 보인다. 로마자 표기는 '국어의 로마자 표기법'에 따랐다.

3.2.1. 한글

대개의 도로 이름은 한글로 표기되어 있다.

(18) 무너미길, 가오리길, 아리랑길, 달맞이길, 벚꽃길, 큰마을길, 솔샘길, 우이새싹길, 향숫길, 한천로, 화계사길, 인수봉길, 오패산길, 쌍문동길, 숭인로, 도봉로, 오현길, 우이천길, 백운봉길, 은행나무길, 월계로

3.2.2. 로마자

큰 도로 이름에는 외국인들을 위하여 '국어의 로마자 표기법'[6]에 따라 병기한다.

(19) Muneomikil, Gaorikil, Arirangkil, Dalmajikil, Beotkkotkil, Keunmaeulkil, Solsaemkil, Uisaessakkil, Hyangsutkil, Hancheonro, Hwagyesakil, Insubongkil, Opasankil, Ssangmundongkil, Sunginro, Dobongro, Ohyeonkil, Uicheonkil, Baekunbongkil, Eonhaengnamukil, Wolgyero

---

6 광복 후 여러 번 로마자 표기법이 바뀌었는데, 현재에 쓰이는 것은 2000년에 문화관광부에서 '고시 제2008호'로 공포한 것이다.

4. 맺는 말

이상에서 살펴본 바 필자가 살고 있는 지역을 중심으로 조사한 간판과 도로의 이름을 분석한 결과 다음과 같은 특성을 알 수 있었다.

첫째, 간판의 이름은 아직도 난해한 한자어로 된 것도 있지만, 쉽고, 재미있으며, 뜻도 알맞은 내용의 순수한 우리말로 된 것도 많아지고 있다.

둘째, 외국어를 쓴 간판도 많은데, 뜻이 잘 안 통하고 모호한 것도 많다.

셋째, 간판의 표기는 한글로 된 것이 대부분이나, 외국 문자를 쓴 것도 적지 않다. 한자는 특별한 업소가 아니면 잘 쓰지 않는다. 이는 요즘의 세대가 한자를 잘 모르기 때문이다.

넷째, 도로의 이름은 기존의 이름과 새로운 이름을 붙이는 것으로 구분되는데, 새로운 이름에는 아름다운, 순순한 우리말로 지으려는 노력을 하고 있다.

다섯째, 도로의 표기는 한글과 로마자로 하고 있다. 한자는 쓰이지 않는다.

초·중·고등학생들의
국어사용의 실태와 분석

국어 표기를 중심으로

1. 들어가는 말

언어는 살아 있는 물체와 같다. 그러므로 항상 새로 생기고, 변하고, 사라짐을 반복하고 있다. 주민들의 왕래가 많지 않고, 대중 매체가 발달되지 않았던 옛날에 비하여, 과학이 눈부시게 발달한 오늘날에는 언어의 변화가 엄청나게 빨라졌다. 게다가 세대 간에 사용하는 언어가 다양하여 다른 세대의 언어는, 특별히 노력하지 않고는 알기 어렵게 되었다.

이렇게 된 까닭은 대중 매체의 발달에 기인하는 것만이 아니고, 컴퓨터와 휴대 전화의 급속한 발달에 힘입은 바가 크다. 이런 기계들로서 자신의 글을 쓰고, 편집하고, 수정할 수 있을 뿐만 아니라, 지구상에 있는 누구와도 동시에 의사를 주고받을 수도 있고, 저장시켰다가 나중에 답신을 받을 수도 있다. 이것들에서 사용하는 한글의 자모는 물론 많은 언어와 문자, 복잡한 기호를 자유자재로 사용할 수 있으므로, 의미의 그 혼란스러움이 극에 달하고 있다. 또한 편리하고 빠른 의사 전달을 할 수 있는 이면에 비·속어를 사용한다든가, 상대방의 인격을 훼손하는 등 부작용이 생길 수 있다.

이런 다양하고 혼란스러운 표기는 물론 세대와 계층, 성별에 관련 없이 이행되고 있지만, 대표적인 사람들은 초·중·고등학생들이다. 그들은 기존의 규범과 질서를 무시하고, 자신들만의 은밀함과 편리함을 추구한다. 게다가 새로움을 창출할 수 있는 즐거움까지 주어진다.

이 글은 이러한 청소년들의 언어에서 특히 국어 표기 사용의 실제를 조사하고, 이를 분석해 보려는 데 목적을 둔다. 이 글에서 사용하는 자료들은 한국교원대학교 대학원, 교육대학원생들이 현장에서 직접 채집한 것이다. 그 자료들은 방대하고 다양하나, 어휘·형태론과 통사론적인 내용은 다음에 다루려 한다.

국어 표기는 '한글 맞춤법'에 따라야 올바른 표기가 됨은 물론이다. 그러나 작문 과정에서 초·중·고등학생들은 이를 지키려 하지 않는다. 더구나 통신 언어로 들어가면 그 파괴 현상이 도를 넘는다. 이 글에서는 그들의 일기나 평소의 작문에서 쓰는 글과 이른바 통신 언어에서 쓰는 것들[1]을 망라하여 분석하고 문제점을 살펴보기로 한다.

2. 초·중·고등학생들의 한글 표기의 특징

여기에서 다루는 것은 초·중·고등학생들이 현장에서 사용하는 국어 표기 자료이다. 그것은 손으로 쓰는 일기나 작문만이 아니라, 컴퓨터에서 이루어지는 갖가지 작문, 채팅(chatting)과 이메일(e-mail), 카페(cafe), 학교 신문, 학급 신문 등에서 사용되는 표기까지를 포함한다.

2.1. '한글 맞춤법'의 파괴

'한글 맞춤법'은 1933년에 조선어학회에서 제정한 '한글 맞춤법 통일안'을 바탕으로 몇 번의 개정을 거쳐, 현재는 1989년 3월 1일에 공포된 것으로, 우리나라 국민들이 우리말을 표기할 때 지켜야 할 규범이다.(이희승·안병희 2002: 164-166) 그러므로 각급 학교에서는 이에 대한 교육을 시켜야 하고, 학생들도 이를 따라야 함은 주지의 사실이다. 그럼에도 불구하고 오늘날 각급 학교 학생들을 이를 무시하고, 규범에도 없는 표기를 마구 하고 있으며, 그런 현상은 점점 도를 더해 가고 있는 중이다.

---

1 이에 관한 연구는 이미 성명희(2001), 김은진(2004) 등에서 이루어졌는데, 이 글에서 다루는 자료는 그 이후 현장에서 교사들이 직접 조사, 채집한 것이다.

2.1.1. 소리 나는 대로 적기

소리 나는 대로 적는 것은 규범에서 벗어나려는 노력의 결과이기도 하지만, 요즘 학생들이 흔히 사용하는 컴퓨터의 자판과 휴대전화의 글자판에서 속도 위주로 문자를 치다 보면, 순간적으로 오자나 이상한 문자가 만들어지기 쉬운데, 이를 다시 고치기보다는 그냥 그것을 놓아두거나, 남에게 전신으로 보내 버리는 데에서 습관화가 된 것이라고 본다. 이와 같이 해서 나타나는 표기의 오류를 연철[liason, 連綴]과 자모 교체로 나누어 살펴보기로 한다.

2.1.1.1. 연철

연철은 앞 음절이 닿소리로 끝나고, 뒤 음절이 홀소리로 시작될 때 앞 음절의 받침닿소리가 뒤 음절의 첫소리로 발음되는 현상이다. '한글 맞춤법'에서는 하나의 형태소에서 나타나는 이런 현상은 발음되는 대로 표기하나, 그렇지 않고 두 개의 형태소들이 배합될 때에는 여러 가지 기준에 의하여, 형태소의 기본 형태[basic morph]를 밝혀 적는다든가, 받침을 연철시켜 적도록 하고 있다.(국립국어연구원 2001: 13-42) 여기서 문제가 되는 것은 기본 형태를 밝혀 적어야 할 경우에 학생들은 그냥 발음되는 대로 적거나, 기본 형태의 어떤 자모를 생략해 버린 채로 연철해서 쓰기도 한다는 것이다. 소리 나는 대로 적는다는 것은 앞의 음절의 받침이 뒤의 음절이 홀소리로 시작될 때 그 앞으로 옮겨가는 것만이 아니라, 음소와 음소가 합쳐지거나, 한 음소가 묵음이 되는 것까지를 포함한다. 이 경우 형태소 위주의 표기법은 완전히 무시된다. 다음의 예들을 보자.[2]

---

2 ( ) 안에 적은 것은 '한글 맞춤법'에 맞는 표기다. 이하의 예에서도 그와 같다.

(1)ㄱ. 사라미(사람이) 인가니(인간이) 나미(남이) 미수기(미숙이) 열씨미(열심
히) 지으니(지은이), 마자요(맞아요), 이써요(있어요), 마라(말아) 해써
요(했어요) 이씀 (있음), 가튼데(같은데), 되자나(되잖아), 죽자나요 (죽
잖아요), 알아써요(알았어요), 무러봐도(물어봐도), 이써요(있어요), 마
자마자(맞아맞아), 인가니(인간이), 가튼데(같은데), 조리고(졸이고), 가
라(갈아), 드려서(들여서), 허러(헐어), 가타(같아), 재후니의(재훈이의),
버서나고(벗어나고), 걸엇스면서(걸었으면서), 드러갔더니(들어갔더니),
바다(받아), 마자마자(맞아맞아), 니마(님아), 마랴(말야), 마러(말아),
마즘(맞음), 시퍼(싫어), 드러와라(들어와라), 애드라(애들아), 이쁜거시
아(이쁜 것이야), 아프로(앞으로), 발바(밟아), 마자(맞아), 힘드러(힘들
어), 주글래(죽을래)

ㄴ. 추카추카(축하축하), 만타(많다), 조치(좋지), 조켔네(좋겠네), 조타(좋
다), 그러케(그렇게), 차칸(착한), 실코(싫고), 더러피는(더럽히는), 가치
(같이)

ㄷ. 시러(싫어), 시른데(싫은데), 되자녀(되잖아), 모르자녀(모르잖아), 저나
(전화), 많아서(마나서), 되자나(되잖아), 조아(좋아), 마니(많이), 조아
(좋야), 마니마니(많이많이), 어리자녀(어리잖아)

(1ㄱ)은 앞 음절의 홑받침이 다음 음절의 첫소리로 연철되는 것을 그
대로 적은 예들이고, (1ㄴ)은 두 음운이 배합되어 하나의 음소로 변동되
거나, 다른 음소로 바뀌는 것을 소리대로 적은 것이며, (1ㄷ)은 형태소에
서 한 음소가 축약된 다음 연철되는 것을 그대로 적은 예들이다.

2.1.1.2. 자모 표기의 오류

자모 표기의 오류는 학생들이 올바른 자모의 쓰임을 모르는 데 기인
한다고 볼 수도 있으나, 표준 발음대로 하지 못하기 때문에, 또는 그냥
재미로 그렇게 쓰는 것이 대부분인 것으로 보인다. 이에는 홀소리 교체

와 닿소리 교체, 자모 또는 음절의 첨가와 탈락이 있다.

2.1.1.2.1. 홀소리의 교체

홀소리 교체는 음운론적으로는 홑홀소리끼리의 교체, 겹홀소리와 홑홀소리의 교체 등이 있으나, 표기에서 일어나는 이 현상들은[3] 어떤 규칙에 의한다기보다는 착각이거나 습관, 발음의 오류에서 기인한다.

(2) ㄱ① ㅏ → ㅑ: 만만한거(만만한거)

   ② ㅏ → ㅓ: 했잖어(했잖아), 민망허네(민망하네), 알어(알아), 올립시더(올립시다), 있자녀(있잖아), 귀차녀(귀찮아), 아펐다(아팠다), 따러야겠다(따라야겠다)

   ③ ㅏ → ㅗ: 그러셨잖오(그러셨잖아)

   ④ ㅏ → ㅘ: 대돤해윰(대단해요), 감솨(감사), 봐끼네(바뀌네)

   ⑤ ㅑ → ㅏ: 세수대아(세숫대야), 하안집(하얀집)

   ⑥ ㅓ → ㅏ: 여라가지(여러가지)

   ⑦ ㅓ → ㅗ: 아포(아퍼), 이뽀(이뻐), 틀렸을꼬(틀렸을 거(야)), 팔오(팔어), 내꼬(내 거(야)), 어깨아포(어깨 아퍼), 시로(싫어), 슬포해요(슬퍼해요), 하고시포요(하고싶어요), 마조(맞어), 나뽀(나뻐), 마조(맞어), 잃어보리다니(잃어버리더니), 자로 가야겠다(자러 가야겠다), 이론(이런), 사졀(사절), 이고(이거)

   ⑧ ㅓ → ㅡ: 했드니(했더니), 드럽게(더럽게), 증말(정말), 생거버렸으(생거버렸어), 살끄다(살 거다), 어뜨케(어떻게) 느코(넣고), 할끄야(할거야), 내끄야(내거야), 줄슨(줄선)

   ⑨ ㅓ → ㅣ: 오찌라고(어쩌라고)

   ⑩ ㅓ → ㅕ: 내숭이였지만(내숭이었지만), 뵈려(뵈러), 져때(저때), 벼려

---

3 '한글 맞춤법'에서는 한글 자모의 수는 스물넉 자로 하고, 그것으로 적을 수 없는 소리는 두 개 이상의 자모를 어울러서 적는 것으로 하고 있다.(이희승·안병희 2002: 28)

(버려)

⑪ ㅓ → ㅝ: 이루워지지(이루어지지), 들워와서(들어와서)

⑫ ㅕ → ㅓ: 안녕(안녕)

⑬ ㅕ → ㅡ: 오믄(오면)

⑭ ㅕ → ㅛ: 안뇽(안녕), 몇뵹(몇 명), 왜냐하묜(왜냐하면), 답뵨(답변), 기달료야대(기다려야 돼), 닥쵸(닥쳐), 알묜(알면)

⑮ ㅜ → ㅡ: 너므너므(너무너무), 즐이고(줄이고), 모드(모두), 구치(그치),

⑯ ㅜ → ㅣ: 멈칠(멈출)

⑰ ㅜ→ ㅠ: 나즁(나중), 자쥬(자주), 쥬세요(주세요), 해듐(해줌), 쥬글래(죽을래)

⑱ ㅗ → ㅓ: 참거러(참고로), 사람더(사람도), 떵(똥), 떵깨(똥개), 헉시(혹시), 점(좀), 거마윙(고마워), 머르겠네요(모르겠네요), 혐인데(홈인데), 점(좀), 필떡(필독), 넘이(놈이), 넝담(농담)

⑲ ㅗ → ㅜ: 그렇다구(그렇다고), 윤정이두(윤정이도), 마찬가지루(마찬가지로), 팬인가부다(팬인가보다), 젤루(제일로), 바부(바보), 하두(하도), 덜얼었어두(덜 얼었어도), 별루(별로), 그걸루(그걸로), 돈둑히(돈독히)

⑳ ㅗ → ㅡ: 어떤늠이야(어떤 놈이야), 남친드(남친도)

㉑ ㅛ → ㅕ: 슬프시져(슬프시죠), 그랬구여(그랬구요), 알게써여(알겠어요), 학겨(학교)

㉒ ㅡ → ㅓ: 애덜아(애들아), 다덜(다들)

㉓ ㅡ → ㅗ: 물러가겠쏩니다(물러가겠습니다), 고럼(그럼)

㉔ ㅡ →ㅜ: 구래도(그래도), 꿀구(끌고), 짐숭(짐승), 애둘아(애들아), 이뿌신(예쁘신), 둘어오도록(들어오도록), 궁굼(궁금), 못 갔눈데(못 갔는데), 시푸면(싶으면), 찍엇눈데(찍었는데), 가툰(같은), 잼있눈거(재미있는 거), 군데여(그런데요), 구럼(그럼), 구라구(그리고)

㉕ ㅡ →ㅣ: 고딩(고등), 기냥(그냥),

㉖ ㅣ → ㅟ: 아뉘라(아니라), 께어야쥐(깨어야지), 추천합뉘다(추천합니

다), 어듸(어디), 마뉘마뉘(많이많이), 미춰게꾸만(미치겠구먼), 귀회
를(기회를), 쉬원해지지만(시원해지지만)

㉗ ㅣ → ㅢ: 심심하긐(심심하지), 엽긔(엽기), 재즁씌(재중씨), 열긔미(열
심히)

ㄴ ① ㅐ → ㅑ: 탁시(택시)

② ㅐ → ㅑ: 그랴그랴(그래그래), 잘생겼냐(생겼대)

③ ㅐ → ㅔ: 깨어난다(깨어난다), 메일메일(매일매일), 여러게가(여러 개
가), 된데(된대), 도데체(도대체), 데신(대신), 웃게헤주고(웃게 해주
고), 데해주었기(대해주었기), 게인적으로(개인적으로), 보네시고요
(보내시고요), 있뎄지(있댔지), 그레야(그래야), 말레(말래), 닮은에
(닮은 애), 보통 떼(보통 때), 베려할(배려할), 체점한다고(채점한다
고), 체(채), 넹동실(냉동실), 꺼넸다(꺼냈다), 케고(캐고), 에벌레(애
벌레), 베겼다고(배겼다고)

④ ㅐ → ㅙ: 돼봐(대봐)

⑤ ㅐ → ㅕ: 불쌍혀(불쌍해)

⑥ ㅐ → ㅚ: 깔깔되면(깔깔대면)

⑦ ㅔ → ㅚ: 괴맛살(게맛살)

⑧ ㅔ → ㅐ: 이렇개(이렇게), 사는 개(사는 게), 설랜다(설렌다), 재발(제
발), 대리꾸갈꺼야(데리고 갈 거야), 재사를(제사를), 매일(메일), 해
어지자(헤어지자), 그런대(그런데), 나한태(나한테), 모르것내(모르겠
네), 이런대다(이런 데다), 재목도(제목도), 과재(과제), 예술이내(예술
이네), 노래애(노래에), 빠지내(빠지네), 배끼나(베끼나), 동내(동네),
늦었는대(늦었는데), 매고(메고), 아는채도(아는 체도), 가운데(가운
데), 데일밴드(대일밴드), 선생님한태(선생님한테), 배어버렸다(베어
버렸다), 사슴벌래(사슴벌레), 새수(세수), 쌘(센), 걸래(걸레), 보개
(보게)

⑨ ㅔ → ㅓ: 해야겄다(해야겠다), 먹겄네(먹겠네)

⑩ ㅔ → ㅖ: 혼나께요(혼날 게요)

⑪ ㅔ → ㅖ: 하겠습니다(하겠습니다)

⑫ ㅔ → ㅣ: 니가(네가), 괜찮은디(괜찮은데)

⑬ ㅚ →ㅙ: 돼어서(되어서), 안됀다(안 된다), 왜위(외워), 꽤롭힘을 (괴롭힘을), 왜할머니(외할머니)

⑭ ㅒ → ㅑ: 야들아 (애들아)

⑮ ㅒ → ㅐ: 애기를(애기를)

⑯ ㅖ → ㅔ: 아에(아예)

⑰ ㅖ → ㅐ: 차래가(차례가), 개단도(계단도)

⑱ ㅘ → ㅑ: 찰영(촬영), 꼭바바(꼭 봐봐), 올려밨어(올려봤어), 영하상(영화상), 찰가상(찰과상), 났습니다(났습니다)

⑲ ㅙ → ㅐ: 안대(안 돼)

⑳ ㅙ →ㅚ: 됬나부다(됐나보다), 꾀(꽤), 괸찮네(괜찮네), 됬지(됐지), 꾀(꽤), 괸히(괜히)

㉑ ㅝ → ㅓ: 주었지만(주웠지만), 멉니까(뭡니까), 바꺼(바꿔)

㉒ ㅝ → ㅗ: 모야(뭐야), 보내조(보내줘)

㉓ ㅝ → ㅔ: 웬수(원수)

㉔ ㅢ → ㅡ: 으욕(의욕)]

㉕ ㅢ → ㅟ: 너휘(너희)

위의 예들에서 (2ㄱ)은 한글 자모의 기본적인 홀소리에서 다른 홀소리로 교체된 것이며, (2ㄴ)은 어울러서 쓴 홀소리[4]에서 다른 홀소리를 교체된 것이다. 이것은 학생들이 단순히 글자를 쉽게 쓰기 위해서 홀소리를 교체하는 것이 아니라, 착오나 재미로 그렇게 하고 있음을 입증하는 것이다.

---

[4] '한글 맞춤법'에서는 'ㅏ, ㅑ, ㅓ, ㅕ, ㅗ, ㅛ, ㅜ, ㅠ, ㅡ, ㅣ' 이외의 홀소리는 '두 개 이상의 자모를 어울러서' 적도록 하고 있다.(이희승·안병희 2002: 28)

2.1.1.2.2. 닿소리의 교체

닿소리의 교체는 예사소리에서 다른 닿소리로, 된소리나 거센소리에서 다른 닿소리로 교체하는 것만이 아니라, 겹받침에서 홑받침으로 바뀌는 것이다.

(3) ㄱ① ㄱ→ ㄲ: 까먹었으(까먹었어), 우껴(웃겨), 가꼬(갖고), 형껏(형것), 딱꼬(닭고)

　② ㄱ → ㅋ: 저녁(저녁)

　③ ㄱ → ㅎ: 어떻하나용(어떡하나요)

　④ ㄴ → ㄹ: 월래는(원래는), 골란(곤란), 잘란척(잘난 척)

　⑤ ㄴ → ㅇ: 칭구들(친구들), 다했거등(다했거든), 보냉다(보낸다), 항개도(한 개도), 얼릉(얼른), 하그등(하거든), 방갑다(반갑다)

　⑥ ㄴ → ㄶ: 않가고(안 가고), 않타까웠다(안타까웠다), 입않이(입안이)

　⑦ ㄴ → ㅁ: 줌비를(준비를), 심문을(신문을)

　⑧ ㄷ → ㄸ: 따른데(다른 데), 심했따(심했다)

　⑨ ㄷ → ㅌ: 좋탄다(좋단다), 밭는거(받는 거), 본밭고(본받고), 굴어있어서(굳어있어서)

　⑩ ㄷ → ㅅ: 깨닷게(깨닫게), 것어낼려고(걷어내려고), 쏯아지고(쏟아지고), 숟가락(숟가락)

　⑪ ㄷ → ㅆ: 밨고(받고)

　⑫ ㅁ → ㄴ: 언청(엄청), 신부름(심부름)

　⑬ ㅂ → ㅁ: 한담니다(한답니다), 올림니다(올립니다)

　⑭ ㅂ → ㅃ: 건물뿌시기(건물부수기), 하실뿐(하실 분), 사진빨(사진발)

　⑮ ㅅ → ㄱ: 확김에(홧김에)

　⑯ ㅅ → ㅆ: 멌있지(멋있지), 물러가겟쏘(물러가겠소), 뺐는(뺏는)

　⑰ ㅅ → ㅈ: 멎진(멋진), 낮냐(낫냐), 짖을(짓을)

　⑱ ㅅ → ㄸ: 이럴뚜가(이럴 수가), 따랑(사랑)

⑲ ㅅ → ㅁ: 임몸(잇몸)

⑳ ㅅ → ㅊ: 빛나갔다(빗나가다)

㉑ ㅅ → ㅌ: 빝고(빗고)

㉒ ㅅ → ㅎ: 낳는(낫는), 씷고(씻는)

㉓ ㅇ → ㄷ: 버렸더(버렸어)

㉔ ㅇ → ㄸ: 있떠(있어), 모아떠(모았어)

㉕ ㅇ → ㄹ: 알아랴(알아야)

㉖ ㅇ → ㅆ: 알았써(알았어), 인상깊었써(인상깊었어)

㉗ ㅇ → ㅎ: 친구햐(친구야), 그동한(그동안), 누굴까효(누굴까요)

㉘ ㅈ → ㄷ: 돌리도(돌려줘), 탸캬디(착하지), 써듀세효(써 주세요),

㉙ ㅈ → ㅆ: 갔다(갖다), 찼으려다(찾으려다)

㉚ ㅈ → ㅅ: 맛다(맞다), 짓어대냐(짖어대냐), 찻구(찾고), (잇지 말고)

㉛ ㅈ → ㅉ: 알찌(알지), 찡어(오징어), 멎쪄(멋져), 쫌(좀), 쪽금(조금)

㉜ ㅈ → ㅊ: 빛(빚), 꽃고(꽂고)

㉝ ㅈ → ㅌ: 같다가(갖다가)

㉞ ㅊ → ㅉ: 어짜피(어차피)

㉟ ㅊ → ㅈ: 쫓겨(쫓겨), 놓져(놓쳐)

㊱ ㅆ → ㅈ: 갖다(갔다)

㊲ ㅆ →ㅅ: 해놓겟다(해놓겠다), 하고잇다(하고 있다) 어쨋든(어쨌든),

사우지도(싸우지도), 하나둘식(하나둘씩), 말성(말썽)

㊳ ㄲ → ㄱ: 될가(될까), 묵여져(묶여져)

㊴ ㅍ → ㅂ: 보고십은(보고싶은), 무릅이(무릎이)

㊵ ㅌ → ㄷ: 맏으면(맡으면)

㊶ ㅋ → ㄱ: 가리기고(가리키고), 비기바(비켜봐)

㊷ ㅌ → ㄷ: 안맏고(안 맡고), 아무든(아무튼)

㊸ ㅌ → ㄸ: 남았을뗀데(남았을텐데)

㊹ ㅌ → ㅆ: 갔다는(같다는)

㊺ ㅌ → ㅈ: 맞기고(맡기고)

⑯ ㅌ → ㅅ: 갓다(같다)

⑰ ㅌ → ㅊ: 챡하디(착하지)

⑱ ㅎ → ㅇ: 애들아고(애들하고), 좋다(좋다)

ㄴ ① ㄶ → ㄹ: 끌었었다(끓었었다), 일어버렸다고(잃어버렸다고)

② ㄶ → ㅈ: 잊어버린(잃어버린)

③ ㄶ → ㄴ: 안고(않고), 인으나(않으나)

④ ㄻ → ㅁ: 굼게(굶게), 옴기는(옮기는)

위의 (3ㄱ)에서 음운론적으로는 음운 변동 현상으로 동화작용이나 중화작용, 된소리되기, 받침규칙 등이 있으나, 표기의 문제라는 점에서 교체로 다루었다.[5] (3ㄴ)은 겹받침이 홑받침으로 교체되는 것들이다.

2.1.1.3. 첨가

첨가는 크게 자모 첨가가 되는 경우와 음절이 첨가되는 것으로 대별할 수 있다.

2.1.1.3.1. 자모의 첨가

자모의 첨가는 다시 홀소리의 첨가와 닿소리의 첨가를 나누어 볼 수 있다.

2.1.1.3.1.1. 닿소리의 첨가

(4) ㄱ① ㄴ 첨가: 예진입니단(예진입니다), 귀업단(귀엽다)

② ㄹ 첨가: 망신이달(망신이다), 에열이예요(에여이에요), 월휼날(월요일 날)

---

5 음운론에서 음운의 변동으로 다루는 내용과는 별로 관련이 없고, 순전히 표기상으로 나타나는 오류라는 의미다.

③ ㅁ 첨가[6]: 보여주세염(보여주세요), 은지얌(은지야), 말해람(말해라),
드셈[7](만드세), 주세욤(주세요), 마셈(마세), 읽었남(읽었나), 생각이
얌(생각이야), 풀어볼겜(풀어볼게), 얘둘암(애들아), 동생꺼얌(동생
거야), 답장쓰셈(답장쓰세), 아닌감(아닌가), 바주곰(봐주고), 누구얌
(누구야), 왜이러셈(왜 이러세요),

④ ㅇ 첨가[8]: 일기당(일기다), 보자공(보자고), 아이였엉(아이였어), 보장
(찾아보자), 납니당(납니다), 되었넹(되었네), 고마웡(고마워), 생각행
(생각해), 전해주랑(전해주라), 없었는뎅(없었는데), 읽어봐야징(읽어
봐야지), 참고하세용(참고하세요), 맛있겠죵(맛있겠죠), 뭐냥(뭐냐),
오라궁(오라고), 빼공(빼고), 이래둥(이래도), 웃끼셩(웃기셔), 소풍가
징(소풍가지), 좋아영(좋아요), 싸오셩(싸오셔), 애둘앙(애들아), 틀
렸낭(틀렸나), 웃겡(웃겨), 나쁜어린잉(나쁜어린이), 뭐행(뭐해), 봐줭
(봐줘), 하궁(하고), 진짱(진짜), 하징(하지), 보셩(보셔), 싫어랑(싫어
라), 넹(네), 그런강(그런가), 빠이룽(빠이루), 해두시공(해두시고), 그
랬어염(그랬어요)

⑤ ㅂ 첨가: 올리넵(올리네), 안했땁(안했다), 여름이얍(여름이야), 올려
야겟는뎁(올려야겠는데), 불쾌하답(불쾌하다), 옙(예), 넵(넵), 기쁘셥
(기쁘셔), 사라딜까흅(사라질까요), 봐흅(봐요), 제가욥(제가요)

⑥ ㅅ 첨가: 책임져랏(책임져라), 칭찬합니닷(칭찬합니다), 지영앗(지영
아), 빨리와랏(빨리오라), 같은생각이닷(같은 생각이다), 드세욧(드
세요), 써봣(써봐), 해줏(해줘), 하잇(하이), 방갓(방가)

⑦ ㅋ 첨가: 사진이얔(사진이야), 될꺼얔(될거야)

⑧ ㅎ 첨가: 오타났구낳(나타났구나), 사라딜까흏(사라질까요, 봐흅

---

6 'ㅁ' 첨가는 부드러운 말로 기원이나 추측의 뜻을 나타낸다고 하며, 그런 점에서 'Flame[정염(정염)
족]'이라고도 한다.

7 이와 같이 문장의 종결을 '셈'으로 끝내는 사람들을 '셈[Math(셈: 계산)족]'이라고도 한다고 한다.

8 'ㅇ'의 첨가는 문장을 부드럽게 끝맺거나 애교와 장난기를 느낄 수 있다고 하는데, 이 말을 쓰는 이
들을 섞어 말하는 경우 '용[Dragon]족'이라고도 한다.

(봐요), 가세효(가세요), 게흘리하지(게을리하지)

'ㅅ, ㅂ, ㄷ, ㅋ, ㅎ'의 첨가는 말을 확실하게 끝맺거나 강하게 뜻을 나타내기 위한 것으로 보이며,(김은진 2004: 16-17) 'ㅁ'이나 'ㅇ', 'ㄹ'의 첨가는 문장을 부드럽거나 애교스럽게 끝내는 느낌을 줄 목적인 것으로 보인다.[9]

2.1.1.3.1.2. 홀소리의 첨가

홀소리의 첨가도 조음 노력 현상과는 역행되는 일이지만, 여러 가지 홀소리를 첨가하여 다양한 감정을 나타내고 있다.

(5)ㄱ ① 아(아) 첨가: 말씀이다아(말씀이다), 조타아(좋다), 봐주라앙(봐주라), 귀엽다아(귀엽다), 말하지마아아(말하지 마)

② 어 첨가: 아퍼어(아파), 이써어(있어)

③ 에 첨가: 외워볼께에(외워볼게)

④ 오 첨가: 있고오(있고), 알려죠오(알리죠), 귀찮더라도오(귀찮더라도)

⑤ 우 첨가: 너무우(너무), 책이냐구우(책이냐고)

⑥ 이 첨가: 미안하오이(미안하오), 잇니이(있니)

위의 예들을 보면, 문장의 끝에 쓰인 홀소리를 다시 써서 말을 늘이는 효과를 얻고 있는데, 이는 상대방에게 응석을 부리거나 부드러운 느낌을 주기 위해서인 듯하다.

---

9 그 이유는 터짐소리[破裂音]나 갈음소리[摩擦音], 붙갈이소리[破擦音] 등은 강한 느낌을 주는 데 비하여, 콧소리[鼻音]나 흐름소리[流音]은 부드러운 느낌을 주는 데 있다.

2.1.1.3.2. 음절의 첨가

낱개의 자모를 첨가하는 것이 아니라, 음절을 첨가시키기도 한다.

(6)ㄱ. 욘 첨가: 마세요욘(마세요)
　　ㄴ. 잉 첨가: 그래요잉, 좋아잉, 귀여워잉, 갈케죠잉

'욘'은 '요'에 'ㄴ'을 첨가하여 문장을 부드럽게 끝내는 효과를 나타내고, '잉'의 첨가는 애교 있는 목소리를 담기 위해 콧소리를 섞어서 표현한 것으로, 구어는 콧소리홀소리[鼻腔母音]도 되겠지만, 문어로는 'ㅇ'을 첨가시켜 그 효과를 얻고 있다.[10]

2.1.1.4. 탈락·축약

탈락은 하나, 또는 그 이상의 자모가 떨어지는 것이고, 축약은 둘 이상의 음절이 합해질 때 하나의 음절로 바뀌는 현상을 말한다.

2.1.1.4.1. 하나 이상의 자모 탈락

자모의 탈락은 음절 사이의 홀소리를 줄인 것과 닿소리를 줄인 것들이 있다.

2.1.1.4.1.1. 음절 사이, 음절의 끝에서 홀소리 줄임

음절 사이, 혹은 음절의 끝에서 홀소리를 줄여 궁극적으로는 하나의 음절이 줄어드는 효과를 얻는다.[11]

---

10 우리말은 콧소리홀소리가 독립된 음소로 기능을 가지지는 않지만, 홀소리가 콧소리 자질을 가질 수는 있는데, 자모로는 이를 따로 표기할 수는 없고, 'ㅇ'울 쓰면 유사한 효과를 얻을 수 있다.

11 이하의 예에서 ( ) 안에 음소 표기를 병행하는데, 밑줄 그은 부분이 생략된 것이다.

(7) 멜(메일:/meil/, 어딧개(어디있게:/ətiitkʼe), 재밌음(재미있음:/cɛmiisʼim),
알씀(알았음:/alasʼim), 첨(처음:/chəim), 알써(알았어:/alasʼə), 담(다음:/
taim/), 겜(게임:/keim/), 맘씨(마음씨:/maimsʼi/), 넘(너무:/nəmu/), 글
구·글고·글9(그리고:/kiliko/), 앞을도(앞으로도:/aphiloto), 울(우리:/
uli/), 잼없으면(재미 없으면:/cɛmiəpsʼimjən/), 재섰잖아(재수없잖아:/
cɛsuəpcana/), ㄴ(나:/na/), 은쟈(은지야:/ɨncija/), 몰겠네(모르겠네:/
molikenne/), 자갸(자기야:/cakija/), 엄니(어머니:/əmeni/), 암나(아무나:/
amuna/), 설(서울:səul), 젤(제일:ceil), 잼(재미:cɛmi), 앤(애인:ɛin), 아
뒤(아이디:/aiti/), 금(그림:/kɨləm/), 션(시원:/siwən/), 몰겠네(모르겠네:/
molikenne/), 암튼(아무튼:/amuthin/), 걍(그냥:/knijaŋ/), 낼(내일:/neil/),
언(어느:/əni/), 글쿠나(그렇구나:/kɨləkhuna/), 글치(그렇지:/kɨləchi/), 울
(우리:/uli/), 어솨라(어서 와라:/əsəwala/), 용하길(이용하길:/ijoŋhakil/),
강지(강아지:/kaŋaci/),

2.1.1.4.1.2. 닿소리 줄임
음절 중 첫소리나 끝소리가 준다.

(8) 아지만(하지만:/haciman/), 섬(시험:/sihəm/), 조아(좋아:/coha), 마
니(많이:/manhi/), 시러(싫어:/hilhə/), 가께여(갈게요.:/kalkʼejo/), 꼼
(고함:/koham/), 아아두도록(알아두도록:/alatutolok/), 마이떤데(맛
있떤데:masittʼənte/), 오라버이(오라버니:/olapəni/), 가가꼬(가갖고:/
kakatkʼo/), 머있다(멋있다:/məsittʼa/), 저의가(저희가:/cəhiika/), ㄲ나야
(끝나야:/kʼinnaja/), 않싸우자나(안싸우잖아), 싸이고(쌓이고), 써낫더만
(써놓았더만)

2.1.1.4.2. 음절의 줄임
하나 이상의 음절을 줄이든지, 두 개의 음절을 하나로 합쳐서 단순화

한다.

(9)ㄱ.할껀(할 것은:/halk'əsin/), 근데(그런데:/kilənte/), 글케(그렇게:/
kiləkhe/), 어케(어떻게:/ət'əkhe/), 나느(나는:/nanin/), 괜아나(괜
찮아:/kwɛnchana), 걍(그냥:/kinjaŋ/), 어칼라구(어떻게 하려고:/
ət'əkhehaljəko), 딴(다른:/talin), 올만에(오랫만에:olɛnmane), 늬
들두(너희들도:/nəhiitilto/), 때메(때문에:/t'ɛmune), 샘(선생님:/
sənsɛŋnim), 클났어(큰일났어:/khinilnas'ə/), 일욜(일요일:/illjoil/), 낼
(내일:/nɛil/), 몬(무슨:/musin/, 시름(싫으면:/silimjən/), 글쿠나(그렇
구나:/kiləkhuna/), 금(그럼:/kiləm/), 칼쓔마(카리스마:khalisima), 같
습다(같습니다:/kats'imnita/), 올마네(오랜만에:/olɛnmane/), 짱난다
(짜증난다:/c'aciŋnanta/), 어케(어떻게:/ət'əkhe/), 추카함다(축하합
니다:/chukhahamnita/), 편케(편안하게:/phjənanhake/), 그지(그렇
지:/kiləhci/), 그치(그렇지:/kiləchi/), 그니까 (그러니까:/kilənik'a/), 알
주세요(알려주세요:/alljəcusejo/), 신기당(신기하다:/sinkihata/), 앗
지(알았지:/allatc'i/), 잼냐(재미있냐:/cɛmiinnja/), 뭔주나(뭔줄이나:/
mwənculina/), 왜케(왜 이렇게:/wɛiləkhe/), 햇(했다:/hɛtt'a/), 어따
(어디다:/ətita), 어서(어디서:/ətisə), 증난다(짜증난다:/c'aciŋnanta/),
아프(아프다:/aphita/), 숙쬄따(숙젭니다:/sukc'emnita), 감다(갑
니다:/kamnita/), 것도(그것도:/kikətt'o/), 어섭쇼(어서 오십시오:/
əsəosips'ijo/), 그쵸(그렇지요:/kiləchijo/), 너서(넣어서:/nəhəsə/), 들가
서(들어가서:/tiləkasə/)
ㄴ. 드뎌(드디어:/titiə/), 먄(미안:/mian/), 라됴(라디오:/latio/), 비됴(비
디오:/pitio/), 어섭쇼(어서 오십시오:/əsəosips'ijo/), 그쵸(그렇지요:/
kichijo/),

(9ㄱ)은 하나 이상의 음절이 줄은 예이고, (9ㄴ)은 두 개의 음절이 합

처진 것이다.

2.1.1.4.3. 형태소의 줄임

단어에서 형태소를 하나 이상 줄이는 방법이다. 이는 대화를 보다 쉽고 빠르게 하려는 심리에서 비롯된 현상으로, 언어를 경제적으로 사용하는 데에도 원인이 있고, 담화의 응집성을 높이려는 데에서도 기인한다고 볼 수 있다.(김은진 2004: 31-32) 채팅에서는 주로 술어를 생략함으로써 타자의 수고를 덜고, 대화의 속도를 빠르게 하는 일석이조의 효과를 거둔다고 한다.

(10) 고속이 무신 고속(고속은 무슨 고속이야), 참미르님은 몇 살(참미르님은 몇 살이세요), 나 172(나 172(센티미터)야), 난 비 맞아 죽을 뻔(난 비 맞아 죽을 뻔했다), 넘 따분(따분하다), 심심(심심하다), 언제부터 시작(언제부터 시작하니), 그냥 하는 일 없이 빈둥빈둥(그냥 하는 일 없이 빈둥빈둥한다)

2.1.1.4.4. 글자의 해체 및 음절 첫자모만의 표기

글자의 해체는 자모를 긴밀히 합치는 것이 아니라, 한 칸이나 그 이상 떨어진 채로 쓰는 것이며, 음절 첫자모만의 표기는 이른바 '머릿글자말[acronyms]'(김석득 1992: 279, 314)이라 할 만한 것도 포함된다.

(11)ㄱ. 정진이으ㅣ(아, 정진이의), 벌ㅅㅅ ㅓ(벌써), 동ㅅㅣ(동시), 길을ㄱㅏㄷㅏ>(길을 가다), 내 ㅅㅣ랑(내 사랑), ㄱ ㅖ 백 장군(계백장군), 어ㅈㅈㅣ어찌), 다음ㅇㅔ(다음에), 학교 ㅇ ㅔ(학교에), 뻐 ㅏ 리 뻐 ㅏ 리(빨리빨리), 해피ㅣㄷㅔㅣㅇㅏ세ㅇㅕ(해피 데이 하세요)

ㄴ. ㅎㅇ·ㅎ2(하이), ㄱㅅ(감사), ㅈㅅ(죄송), ㅅㄱ(수고), ㅂㅂ(바보), ㅇㅇ

(응), ㄱㅊㅇ(괜찮아), ㄴㄴ(노노), ㅉㅉ (쯔쯔), ㅇㅋ(오케이), ㅋㅋㅋ(크
크), ㅎㅎㅎ(흐흐흐, 하하하), ㅇㅋㅇㅋ(오케이오케이), ㄱㄱ(gogo, 시
작해요), ㄹㄷ(ready), ㄴㄴ(노노), ㅎㅇ(하이, 안녕), 바2·ㅂ2·빠2 (빠이,
잘 가), ㅃ2(빠빠이, 잘 가), ㅊㅋㅊㅋ(축하 축하), ㅋㄷㅋㄷ(키득키득－
웃는 말)

이러한 글자의 해체나 머리글자만의 표기는 최근에 유행하는 것으로
입력에 상당한 불편이 따른다. 그런데도 이러한 표기법이 유행하는 것은
규범을 어겨서 재미를 느끼고, 독특한 분위기를 연출하고 싶은 욕구에
서 비롯된 것으로 보인다. 특히 (11ㄴ)의 경우 닿소리만으로 표현되어 여
러 가지 다른 해석이 나올 수 있음에도 불구하고, 학생들 사이에서는 이
미 일반화하여 사용한다.

2.1.1.5. 띄어쓰기 무시

'한글 맞춤법'에서는 "문장의 각 단어는 띄어 씀을 원칙으로 한다."고
하고, 다만 특별한 경우에 예외를 두도록 규범으로 정했으나(이희승·안병
희 2002: 23-26, 130-139) 학생들은 이를 무시하고 붙여 쓰기도 한다.(( ) 안
의 글이 '한글 맞춤법'에 맞는 표기)

(12) 그때방가웠어여(그 때 반가웠어요), 잘드러가셨나몰라(잘 들어가셨나 몰
라), 잘어울리시던데(잘 어울리시던데), 한번봐여(한 번 봐요)

2.2. 여러 문자와 글자 섞어 쓰기

여러 문자와 글자 섞어 쓰기는 이른바 외계어에서 많이 나타난다. 다

양한 문자나 숫자, 그리고 복잡한 기호를 사용하여 단어나 문장을 암호처럼 만들어 사용하는 것을 외계어라고 한다.(김은진 2004: 23-25) 이것은 언어의 은밀함의 극치라 할 만한 것으로 서로 간에 약속이 되어 있거나, 그것에 관한 지식이 없으면 이해하기 어렵다. 그리고 어떤 규범이나 규칙이 있는 것도 아니어서, 멋대로의 표기이기 때문에 사회의 약속을 얻지 않는 한 일반화하기는 어렵다. 다만, 한글만을 표기하는 것보다 타자치는 수고를 덜 수가 있고, 좀 더 개성을 살린 표현을 할 수 있으며, 한글만을 쓰는 단조로움을 피할 수 있기 때문에 젊은이들은 이것을 더욱 발전시킬 가능성이 있다고 한다.

2.2.1. 알 수 없는 한글 사용

한글의 자모로 쓰기는 했으나, 다음과 같이 좀처럼 쉽게 그 뜻을 알 수 없는 표기를 한다.

(13) 항귕.강타.왕써홋?(학원 갔다 왔어?), 그레??.그림.엉쩌.슈엉찌..쟝.쉬여..(그래? 그림 어쩔 수 없지. 잘 쉬어.), 앙 홍 앙 홍 쟐 가 효^-^(안녕 안녕 잘 가요.),

2.2.2. 아라비아 숫자와 한글 혼용

아라비아 숫자와 한글을 혼용하여 표기하는 방법이다.

(14) 20000(이만), 밥5(바보), 바2/빠뻐2(바이: bye), 하2/22(하이: Hi), 2929(에구에구), 10002(많이), 감4(감사), 드러 50쇼(들어오십시오), 7942(친구사이), 8282(빨리빨리), 02-79-01(서울에서 사는 1979년생 남자)

2.2.3. 로마자와 한글 혼용

로마자와 한글을 혼용하여 표기하는 방법이다.

(15) 10C미(열심히), RU(are you), 근D(그런데), R겠G(알겠지), RG(알지), ㅁㅣ
　　 ㄴㅏ N e(미안해) KIN(즐), OTL(O(사람머리), T(몸통 및 팔), L(사람이
　　 엎드려 있는 모양), OTZ(좌절)

2.2.4. 가나와 한글, 로마자 혼용

일본의 가나와 한글, 그리고 영어를 혼합하여 쓴다.

(16) øよøぎ히1-ㅅㅓㅣ흄(안녕하세요) 반갑습ㄴıて°F(반갑습니다) 김ズぶ호입
　　 ㄴıて°F(김지호입니다).

2.2.5. 한자와 한글 혼용

한자와 한글을 혼용하여 사용한다.

(17) 羅ⓡⓖ孝(나 알지요), 서울뢰 뎐학乙 家흄 (서울로 전학을 가요), 14세
　　 명랑oo 少年임돠(14세 명랑한 소년입니다)

2.2.6. 특수 문자 및 다양한 외래문자, 한글 혼용

특수한 문자 및 다양한 외래 문자와 한글 등을 혼합하여 복잡하게
사용한다.

(18)ㄱ ᾔ성ø1있릞흥,iii (개성이 있다구!!!), ㅍr고I ㄱr헷고 한폭 엄(파괴 같은
　　 거 한 적 없어), ㉯㉯납별님ⓔ는ⓔ렁퀘글쓰능高☆로㉯뽀게생각안훼(나
　　 별님이는 이렇게 글 쓰는 것 별로 나쁘게 생각하지 않아), 뎌희가ⓔ헌글을

쓰능돼다둘익얼외계언어樂호하더군효글험더희능외계인입늬깍(이런 글을 쓰는데 다들 이걸 외계언어라고 하더군요. 그럼 저희는 외계인입니까?), 鈦⑨○○②뻐ⓔ△4ⓤ○○(당신을 위한 무척 친근한 친구), '어릴 탸콰글 뎌응 칭Ⅳ들乙 ㉯드글 설릏 家흙(우리 착하고 좋은 친구들을 놔두고 서울로 가요) r르5ㅎr1 사랑해. 상øよ의 화뎌 외ㄱ=11ø긋 번역ㄱ1 (장안의 화세 외계이 번역기), ◎ㅏㄴ－1엉 ⑤ㅏ∧ㅓㅣ◎=1 (안녕하세요), ⋏Ĺ르Б흐Й♡(사랑해), ↘ㄴㅂㅋㄷㄱㄷㄷㅂ↖ (내가 그대), g세시㉮ㄴ (게시판), ◎ㅈ1∧Γ항。(공지사항), よø깋ㅎ빗λㅂㅎㅋ_ㅁ읍ㅎF_ㅣㅊㅎㅁっ쩌Ѷ흣_≥▽≤☆(안녕하세요, 오빠. 너무 멋져요)', 'ㅁЙ힣_ꬶつ1ㅂ㈜λ1ㄲっ즈ㅋ¿?(메일 보내주실 거지요?), 쟈ㄴr뱌노 (전화번호) ﾟ나ﾟ나ﾟ낟ﾟ웱ﾟ호ﾟ휑ﾟ－ᛁ¨(나 외로워 －ᛁ¨), ㄴㅓ집ⓔya?¿ (너 집이야?), 뇽ㆅ.깡빽깡빽㉠붸...╋．┯(졸려죽겠어), 잉따㉮.나왕셔. 봉씨닷::(있다가 나와서 봅시다), 퓌콩해홋.풋풋.굼양.◎능봉지.망씨닷::(피곤해.. 그냥 오늘 보지 맙시다), 앙냐웅꾜얏??¿¿글엉.돌아징㉠ㅓㅑ.!! －－^(안나올 꺼야? 그럼 삐짐이야.!!), 5능.정망.퓌콩ㅎㅐ셔.몽ㄴㅑ㉮겡셔.녜일.항교에서.봉씨ㄸㅑ－－::(오늘 정말 피곤해서 못 나가겠어. 넬 학교에서 보자.), 준호닝.앙냥ㅎ∧ㅚ홋?(준호님 안녕하세요?), 와ⓔ.대댜－ㅂ이.엉ㅆㅕ홋?.. (왜 내답이 없어요?), 쳬링 봉태홋?(채팅 못해요?), 헐... ●ㅏ정씨장●ㅏ?¿(어.. 아저씨잖어?), v 난 ◎ㅑ 망 잠수. ₩ㅏ₩ㅏ.!!(나 갈래.. 빠이..), 鈦⑨○○②뻐ⓔ△4ⓤ○○(당신을 위한 무척 친근한 친구), 어릴 탸콰글 뎌응 칭Ⅳ들乙 ㉯드글 설릏 家흙(우리 착하고 좋은 친구들을 놔두고 서울로 가요), r르5ㅎr1(사랑해), 장øよ의 화뎌 외ㄱ=11ø긋 번역ㄱ1 (장안의 화제 외계어 번역기), ◎ㅏㄴ=1엉 ⑤ㅏ∧ㅓㅣ◎=1 (안녕하세요), ⋏Ĺ르Б흐Й♡(사랑해), ↘ㄴㅂㅋㄷㄱㄷㄷㅂ↖ (내가 그대), g세시㉮ㄴ (게시판), ◎ㅈ1∧Γ항。(공지사항), よø깋ㅎ빗λㅂㅎㅋ_ㅁ읍ㅎF_ㅣㅊㅎㅁっ쩌Ѷ흣_≥▽≤☆(안녕하세요, 오빠. 너무 멋져요)', 'ㅁЙ힣_ꬶつ1ㅂ㈜λ1ㄲっ즈ㅋ¿?(메일 보내 주실 거지요?), 쟈ㄴr뱌노 (전화번호) ﾟ나ﾟ나ﾟ낟ﾟ웱ﾟ호ﾟ휑ﾟ－ᛁ¨(나 외로워 －ᛁ¨)

3. 맺는 말

이상에서 현재 초·중·고등학생들이 일상생활에서 사용하는 국어에 대한 표기에 대하여 살펴보았다. 그 결과 이들이 사용하는 표기는 완전히 규범을 무시하고, 자기들만이 아는 특수한 단어나 문자, 또는 기호를 사용하며, 심지어는 세계 각지의 문자들을 동원하여 혼합함으로써, 그 혼란이 극에 달하고 있음을 알았다.

그 특징을 요약해 보면 다음과 같다.

첫째, '한글 맞춤법'을 완전히 무시하여, 연철시키거나 발음되는 대로 쓰며, 자모교체를 시키는 경우가 많다. 띄어쓰기도 지키지 않으며, 첨가와 축약·탈락을 멋대로 한다.

둘째, 이른바 컴퓨터나 휴대전화를 이용하는 채팅이나 이메일에서 사용하는 문자가 점점 다양화하고 복잡해진다. 여러 가지 문자나 기호 등을 사용하여, 갖가지 단어, 문장 등을 만드는 이른바 외계어까지 나와 그 혼란을 가중시킨다.

이러한 청소년들의 언어생활은 사회의 약속이 전제되어야 하는 언어의 특성을 파괴하고, 급기야는 지역 간, 세대 간 이질감을 심화시켜, 의사소통이 불가능하게 될지도 모른다. 그런 점에서 각 급 학교에서는 이에 대한 효율적이고 다양한 교육이 베풀어져야 한다고 본다. 현장에서 국어를 가르치고 있는 교사들의 의견을 참조하여, 그 방안을 제시해 보면 다음과 같다.

첫째, 우리말의 오염을 막고 올바른 방향으로 이끌기 위해서 통신언어의 남용이 올바른 사회생활에 위해가 될 것임을 피교육자들에게 주지시킨다. 그러나 언어의 사용을 타율적으로 규제하는 것 자체가 민주주의 사회에서는 표현의 자유를 억압하는 결과를 가져올 수 있고, 언어 의식 또한 자발적인 노력이 없다면 쉽게 바뀌지 않기 때문에 많은 주의를 요한다.

둘째, 교육자들은 피교육자들에게 수시로 각종 작문을 하게 하여, 국어의 표기에서 나타나는 문제점을 지적해 주고, 고쳐 줌으로써 스스로 올바른 국어 규범을 깨우치게 한다.

셋째, 국어 규범에 대한 지식이 부족할 것이므로, 그에 대한 특별한 교육을 실시한다. 예컨대, '한글 맞춤법, 표준어 사정 원칙, 표준 발음법, 외래어 표기법, 로마자 표기법'을 교육자들이 숙지하고, 그것을 피교육자들에게 가르친다.

넷째, 학교교육의 교육과정에서 인터넷 바로 알기를 포함해야 한다. 그 개념 중 하나는 인터넷의 본성에 대한 이해이며, 또 하나는 이용자들의 자율정화, 의식강화다. 그로써 이용자들이 언어 훼손이 발생하는 공간에서 스스로 나서서 정화하려는 의지를 갖도록 동기를 부여해야 하고, 해독에 어려움을 주는 통신언어 배제 및 건전한 통신언어 확대를 위해 노력하도록 가르쳐야 한다.

다섯째, 정보통신정책에서 다양한 종류의 기술사업 지원을 포함해야 한다. 예컨대 그 내용으로 표준 국어 목록의 작성 사업, 외래어의 국어 전환 시스템과 같은 소프트웨어 사업, 의사소통을 저해하는 통신언어 차단 소프트웨어 개발 및 오타나 해독 불가능한 언어 표현을 자동 삭제 및 수정되는 여과제도 등을 마련해야 한다.

여섯째, 통신사업자들의 책임의식 강화 제도로서, 무분별한 통신언어의 확산에 대하여 통신사업자들이 책임 질 수 있는 방향에서 자율 정화 활동에 대한 책임을 진행하도록 해야 한다. 정책자들은 통신사업자들이 약관의 마련 및 그에 대한 준수를 통하여 통신언어가 사용되는 공간에 대한 관리를 철저히 수행할 수 있도록 관심을 기울여야 한다.

일곱째, 국제적 수준의 통신활동을 권장해야 한다. 언어훼손을 방지하기 위해 외국에서는 모두 언어 통신 서비스를 제공하여, 이용자 스스로 표준 자국어를 사용하도록 유도하고 있다. 그러므로 국제적 수준의 통신활동을 권장하는 것은 이용자들의 사용 심리를 위축시키지 않을 뿐 아니라, 지리적 제한을 받지 않는다는 것이 인터넷의 본성이라는 점에서 의미가 있다.

경상도 방언에서의
[가지-]의 접미사화 연구

1. 서론

이 글은 경상도 방언에서 흔히 쓰이는 [-어가-]에서의 [가-]가 이른 바 조동사 [가지-]에서 접미사화했음을 밝히고, 그 의미를 고찰하는 데 목적을 둔다.

언어는 오랜 기간을 통하여 생성·발전 소멸의 단계를 거친다는 것은 주지의 사실이다. 이런 과정은 한 언어의 전체에 동일한 형태로 적용되는 것이 아니라, 음운·형태·통사·의미 등의 각 부문에 따라 다르며, 또한 한 부문에서도 각 요소들이 다르다는 것도 잘 알려져 있다. 또한 한 언어는 여러 방언으로 이루어지며, 각 방언의 변화가 다르게 나타난다는 것도 사실이다.

이 글에서는 경상도 방언의 [-어가]가 우리말 중에서 특이하게 쓰이는 형태 중 하나이며, 이는 이 방언에서 나타나는 몇 가지 (조)동사의 접미사화 현상의 일종으로 간주하고, 그 변화의 과정을 살펴본 다음, 그 쓰임과 뜻을 밝혀 보기로 한다.

통시적인 면에서의 (조)동사의 접미사화 연구는 유창돈(1962), 안병희(1967), 권재일(1986) 등에 의하여 수행되어졌고, 이 방언에서의 같은 주제는 김태엽(1987), 이상민(1991)에서도 이루어졌다. 이 글은 이들의 연구에 힘입은 바가 크며, 그들의 자료를 인용한 것도 있음을 밝힌다.

이 글에서 다루는 자료는 경상북도에서 수집한 것이나, 동일한 방언을 사용하는 범위는 더 넓을 수 있다. 기술의 편의를 위하여 방언은 음운으로 표기한다.

2. [-어 가지고]의 의미와 통시적 변화

2.1. [-어 가지고]의 의미

이른바 본동사 [가지-]는 다음과 같이 다양하게 쓰인다.

(1) ㄱ. 네 손에 가진 것은 돈이다.

ㄴ. 너와 나는 동등한 권리를 가지었다.

ㄷ. 이것은 역사적 의미를 가졌다.

ㄹ. 우리는 중요한 회의를 가진다.

ㅁ. 두 기관은 긴밀한 관련을 가졌다.

ㅂ. 그 여자는 아이를 가졌다.

(1ㄱ)은 '손에 쥐거나 몸에 지니다', (1ㄴ)은 '자기 것으로 하다', (1ㄷ)은 '객체가 된 사물이 어디·무엇에·누구에게 있다', (1ㄹ)은 '객체가 된 사물에 해당한 것을 행하다', (1ㅁ)은 '(관계·연관) 등을 맺어 두다', (1ㅂ)은 '(아이·새끼·알 등이) 배안에 들어 있다'는 뜻을 가지고 있다. 그러나 [가지-]의 본래의 뜻인 '[持]'에서 파생된 것으로 다의어(多義語)라기보다는 일종의 유의어(類義語)를 형성하고 있는 것이다.

이른바 도움풀이씨〔補助用言〕으로서의 [가지다]는, 최현배(1975: 406)에서는 '지님 도움 움직씨〔保有補助動詞〕'라고 하고, 다음과 같은 예를 들었다.

(2) ㄱ. 그것을 그리 하여 가지고 어데 쓰나?

ㄴ. 나는 기계학(機械學)을 배워 가지고 고국으로 돌아가겠다.

최(1975: 407)는 또한 '가지다'는 '된 도움 움직씨(轉成補助動詞)'로서 그것은 '본대는 다른 씨이던 것이 몸바꿈(轉成)하여 도움 움직씨로 된 것을 이름이니 이에 두 가지가 있다.'하고, 그 중에 "'가지다'는 으뜸 움직씨에서 몸바꿈하여 된 것"이라고 보았다.

남기심·고영근(1985: 119)에서도 '가지다'는 '보유보조동사〔保有補助動詞〕'로 다루고 있다.

위 견해들에서는 '가지다'가 '보조동사'로만 쓰이고, '그림씨〔形容詞〕'나 '잡음씨〔指定詞〕'와는 쓰이지 않는 것으로 보았으나, 실제로는 그렇지 않다.

다음의 예를 보자.

(3) ㄱ. 학교에 가 가지고 밥을 먹었다.

ㄴ. 얼굴은 예뻐 가지고 잘난 체한다.

ㄷ. 선생이어 가지고 돈은 잘 번다.

(3ㄱ)에서는 [가지-]가 보조동사로 쓰였으나, (3ㄴ)에서는 '그림씨' 다음에, (3ㄷ)에서는 '잡음씨' 다음에 쓰였으니, 이름을 붙인다면 전자는 보조형용사, 후자는 보조지정사라고 해야 할 것이나, 이 글에서는 합쳐서 보조용언으로 부르기로 한다.

'도움풀이씨'로서의 '가지다'는 원래는 [보유]의 의미를 가졌던 것이나, (3)에서는 그런 의미를 상실하고 있는 것으로 보이는데, 그 까닭은 다음의 (3')의 문과 의미 차이가 없는 것으로도 증명된다.

(3') ㄱ. 학교에 가서 밥을 먹었다.

ㄴ. 얼굴은 예뻐서 잘난 체한다.

ㄷ. 선생이어서 돈은 잘 번다.

(3'ㄱ)에서의 '-어서'는 최현배(1975: 308)에서 '때 벌림꼴[時間的 羅列形]' 중 '가짐[保有]'을 나타내거나, '수[方法]'을 나타내는 것으로 보았으며,[1] (3'ㄴ, ㄷ)에서의 '-어서'는 최현배(1975: 297-298, 505)에서는 '참일 매는꼴[事實拘束形]' 중 '까닭' 또는 '때문'인 것으로 보았다. 필자는 (3ㄱ)에서 '-아서'의 의미는 **상황**[situation]이라고 본다.[2] 그런데 (3'ㄱ, ㄴ, ㄷ)은 각각 (3ㄱ, ㄴ, ㄷ)과 의미에 큰 차이가 없다. 이는 (3)에서의 '가지'가 [보유]의 뜻을 상실했기 때문이라고 볼 수밖에 없다. '-어서'에서의 '서'도 특별한 의미를 첨가하지는 않는다. '서'가 생략된 (3")의 문장과 의미 차이가 있어야 할 것이나, 그렇지 않은 것으로 증명된다.

(3") ㄱ. 학교에 가 밥을 먹었다.
ㄴ. 얼굴은 예뻐 잘 난 체한다.
ㄷ. 선생이어 돈은 잘 번다.

결국 현대어에서의 [-어 가지고]에서의 [가지고]는 [-어서]에서의 [서]처럼 수의적으로 첨가되는 요소에 지나지 않으며, 독자적인 의미를 상실한 것이라고 볼 수밖에 없다.

한편 본동사로서의 '[가지-]'는 (4)에서와 같이 종결문에서 자유자재로 활용을 하는 데 비하여, 보조용언으로서의 '[가지-]'는 (5)와 같이 종

---

1 최(1975: 308)에서 "다음의 움직임의 '수'(방법)를 보이는 것이니"라고 하였는데, 다음의 예에서는 그렇게 해석할 수 있는 근거가 있다.
예) 학교에 가서 공부한다.(다른 방법이 아니라, 학교에 가는 방법으로 공부한다는 뜻)

2 최(1975: 307)에서는 "그 움직임의 결과를 가지고서 그 다음의 움직임을 비롯함을 보이는 것"이라고 했는데, 영어로는 [-고]가 'and'로 번역되고, 이 경우의 [-아서]는 'and then'으로 번역되는바 이는 움직임이 끝난 상황에서, 다른 움직임이 이어지기 때문이다.

결문에서 쓰이지 못하고, 항상 (6)에서와 같이 연결문에서 '가지고'의 형
태로만 쓰인다.

(4) 당신은 연필을
- 가졌습니다.
- 가졌습니까?
- 가집시다.
- 가지십시오.
- 가졌군요.

(5) *너는 책을 읽어
- 가진다.
- 가지느냐?
- 가지자.
- 가져라.
- 가지는구나.

(6) 밥을 많이 먹어
- 가지고
- *가져서
- *가지면
- *가지니까
- *가지되
배탈이 났다.

그런데 (6)에서 쓰인 '가지고'는 (3)에서 쓰인 '-아서'의 의미와 동일하
게만 쓰이지 않는다.

(7) ㄱ. 얼굴은 예뻐 가지고 그것도 모르니?
　　ㄴ. 선생이어 가지고 돈도 못 번다.

(7)에서는 [까닭·때문]을 나타내는 '-아서'로 해석되기보다는 오히려 (8)과 같이 [상황][3]을 나타내는 '-ㄴ데', 또는 (9)와 같이 '양보[讓步]'를 나타내는(최현배 1975:305, 508, 562) '-아도'로 해석된다.

(8) ㄱ. 얼굴은 예쁜데 그것도 모르니?
　　ㄴ. 선생인데 돈도 못 번다.

(9) ㄱ. 얼굴은 예뻐도 그것도 모르니?
　　ㄴ. 선생이어도 돈도 못 번다.

이와 같이 표준어에서의 [-어 가지고]는 문맥에 따라서 다양한 의미로 쓰인다는 것을 알 수 있다.

2.2. [-어 가지고]의 통시적 변화

옛말에서는 으뜸풀이씨로 쓰이던 낱말들이 접미사로 바뀐 것은 수없이 많다. 유창돈(1973)에서 다룬 것에서 예를 들어 보면 다음과 같다.

(10)ㄱ. -ᄃ려: 目連이ᄃ려 니ᄅ샤ᄃᆡ<석.六.1>
　　ㄴ. -더브러: 須達이 舍利弗더브러 무로ᄃᆡ<석.六.23>
　　ㄷ. -조차: 불휘조차 ᄲᅳ니<金三,二.50>
　　ㄹ. -조쳐: 늠 조쳐 알윌씨니<月一.8>
　　ㅁ. -브터: 아래브터 ᄆᆞ슴애 아ᄉᆞᆸ던<曲.109>
　　ㅂ. -뻐: 자바 키아로ᄆᆞ로뻐 門의 ᄃᆞ로몰 사ᄆᆞ시고<蒙法.37>

---

3 최현배(1975: 314-315, 509, 563-564)에서는 '풀이꼴[說明形]'이라고 했다.

(10)의 예들은 모두 동사의 어간과 어미가 합쳐져 조사로 바뀐 것이다.

(11)ㄱ. -셔: 衛護는 들어 더브러서 護持홀씨라<月.九.62>

(11)의 예는 동사의 어간과 어미가 합쳐져 접미사로 바뀐 것이다.

(12)ㄱ. -곧: 하놇버리 눈곧 디니이다<龍.50>
　　ㄴ. -이숫: 山象이숫 깃어신 눈섭에<樂軌.處容歌>

(12)는 형용사의 어간이 조사로 바뀐 것이다.

[가지-]도 원래는 본동사로 쓰였을 것이나, 15~16세기에는 보조용언으로 많이 쓰이고 있음을 자료를 통하여 알 수 있다.

(13)ㄱ. 모든 德을 먹거 가져쇼믈 니룰샨 藏이오<능엄경언해二: 107>
　　ㄴ. 몸 우희 차 가지거나<능엄경언해七: 55>

(13)의 예들은 본동사 다음에 쓰였으나, [보유]의 뜻을 그대로 가지고, 또한 활용도 본동사처럼 하고 있음을 알 수 있다. 그러나 (14)와 같은 17세기의 예들에서는 [-어 가지고]의 형태로 나타난다(홍윤표 외 1995 상: 33).

(14)ㄱ. 거론 군식 연장들을 출와 가지고 수리예에 븓두릐며<練兵: 4b>
　　ㄴ. 그딋 가히 품어 가지고 강을 건너라<東新烈2: 89b>
　　ㄷ. 술을 반만 취호여 가지고<老乞 下: 48b>
　　ㄹ. 모음을 어리워 가지고셔 딕답호여 니로딕<老乞 下: 44a>

이러한 현상은 본동사로서 쓰이던 [가지-]가 연결형 접미사 [-어] 다음에 본동사와 동일한 활용을 하는 형태로 쓰이다가, [-어 가지고]의 형태로 굳어져 감을 나타내는 것으로 보인다. 그리하여 현대어에서는 [-어서]와 같은 의미로 쓰이는 [-어 가지고]로 굳어진 것으로 보인다.

이태영(1988: 77-95)에서는 현대어의 '이서, 에서, 에게서, 로서, 어서'는 각각 '이셔, 에셔, 에게셔, 로셔, 어셔'에서 통시적으로 '문법화'한 것으로, 이들에서 '셔'는 '在'를 나타내는 '시-'의 활용형 '시어'라고 보고 있다. 한편 현대어에서의 접미사 {-었-}도 통시적으로는 '-어 잇-'에서 변화된 것으로 잘 알려져 있다(허웅 1975: 422-426, 유창돈 1962: 17-18). 그렇다면 '在'를 나타내는 옛말 '이시' 또는 '시'는 현대어에서 접미사 또는 접미사의 일부분으로 많이 바뀐 것을 알 수 있다.

한편 현대어에서도 [-어서] 다음에는 [가지고]가 쓰이지 않는다.

(15)ㄱ. *그 사람이 학교에 가서 가지고
　　ㄴ. *비가 와서 가지고

이는 [-어서]에서의 [-서]가 옛말 [시어]에서 온 것이어서, [보유]의 뜻을 가진 [가지-]와 공존하지 않는다는 뜻이다. [있-]은 [在]의 뜻만이 아니라, [보유]의 뜻도 가지기 때문이다.

(16)ㄱ. 철수는 여기 있다.[在]
　　ㄴ. 나에게는 돈이 있다.[보유]

그러므로 [-어] 다음에 같은 [보유]의 뜻을 가진 [-서]와 [가지고]가 동시에 쓰이면, 잉여적이어서 어색한 표현이 되기 때문에, [가지고]가 쓰이면 [서]가 나타나지 않는 것이다.

3. 경상도 방언에서의 [-어 가지고]의 접미사화와 의미

3.1. [-어 가지고]의 접미사화

이 방언에서는 [가지-]가 본동사로 쓰임은 물론이지만, 다음과 같은 보조용언으로의 쓰임도 표준어와 같다.[4]

(17)ㄱ. 왕실의 힘을 <u>가주고</u> 밀어주<u>가주고</u>
　　ㄴ. 그 <u>산무랑지를</u> 괭이로 <u>가주고</u> 파고
　　ㄷ. 그 영감이 뭐로 <u>가주고</u> 찔렀나 하며
　　ㄹ. 괭이로 <u>가주고</u> <u>찍으이</u>

(18)ㄱ. <u>봐 가지고</u> 따에 노면 뭐 묻을까 겁나고
　　ㄴ. <u>가 가지고</u> 가 보니까
　　ㄷ. 혼비 백산해 <u>가지구서</u> 다시 뒤돌아 보지도 몬하고

(19)ㄱ. 여게는 옛날 돌을 쌓아<u>가주고</u> 건너갔는데
　　ㄴ. 그것을 긁어 와<u>가주고</u> 임금을 드렸더니
　　ㄷ. 꽃송이가 몇 송이 떨어져<u>가주고</u> 오빠는 대가 되고
　　ㄹ. 그 후로는 명산을 건디리<u>가주고</u> 이 절이 망했다
　　ㅁ. 물이 새<u>가주고서는</u> 안 된다
　　ㅂ. 그런 꿈을 꾸었다 그래요. 그래 <u>가주고</u> 깜짝 놀래

(17)의 예들은 본동사로 쓰인 것들이며, (18), (19)의 예들은 보조용언

---

4 (17), (19)의 예들은 이(1991: 47~59)에서 인용한 것이고, (18)의 예들은 울진지방에서 채집한 것이다.

으로 쓰인 것들이다. 그런데 (17)의 예들은 축약되어, 다음의 (20)과 같은 형태로 쓰이기도 한다.

(20)ㄱ. 칼가 써리 바라(칼로 쓸어 봐라)

　　ㄴ. 톱가 먼저 써라(톱으로 먼저 켜라)

　　ㄷ. 단돈 백온가 머 하겠노(단돈 백원으로 뭐 하겠니?)

　　ㄹ. 그런 마음가는 아무짝에도 몬 씬다(그런 마음으로는 아무데도 못
　　　쓴다)

　　ㅁ. 괭이까 찍으이 밑이 꽝꽝하거등(괭이를 가지고 찍으니 밑이 꽝꽝 하
　　　거든)

(20)의 예들은 (17)에서의 예들에서 목적격 조사 {-을/를}, 또는 도구격 조사 {-로}가 생략되고, [가지고/가주고]에서 [지고/주고]가 생략되어 나타난 것이다. 그러므로 이 때의 [가]는 그대로 [**보유**]의 의미로 쓰인 것이다. 박창원(1991: 24~25)과 이(1991: 57)는 이 경우에 쓰인 [가]를 [**도구**]를 나타내는 것으로 보았으나, 이는 조사가 생략되고, [가지고]에서 [-지고]가 생략된 것으로 [가지-]의 원래 의미인 [**보유**]의 뜻이 그대로 유지되는 것을 간과한 해석으로 보인다.

위와 같은 생략현상은 이 방언에서 흔히 나타나는 것으로 다음과 같은 예에서도 살펴볼 수 있다.

(21)ㄱ. 그놈아가 묵었지 싶다

　　ㄴ. 그건 먹도 몬한다

　　ㄷ. 는 안 갔다캐라

　　ㄹ. 당장 가라고 다부 쫓아뿌더란다

(21ㄱ)에서는 '묵었지' 다음에 '않나'가 생략된 것이며,[5] (21ㄴ)에서는 '먹-' 다음에 '-지'가 생략된 것이고,[6] (21ㄷ)에서는 '-다고 하-'에서 'ㄷ'가 생략된 것이며,[7] (21ㄹ)에서는 '뿌리-'에서 '-리'가 생략된 것이다.[8]

다음의 예들은 (20)과 마찬가지로 [-지고]가 생략되어 나타난 것으로 볼 수밖에 없다(이 1991: 53).

(22)ㄱ. 이래가 구불았다

　　ㄴ. 처자들이 하도 달나가 쌓아가

　　ㄷ. 객지 사람이 와가 또 빠지가 죽겠구나

　　ㄹ. 무섭어가 그래가 다부 나가더란다

　　ㅁ. 중들이 반대를 해가 안 될 것이고

　　ㅂ. 사람들이 미륵을 이대로 비로 맞하가 안 된다

요컨대 이 방언에서의 [-어가]는 접미사 [-어] 다음에 옛말 [시어]가 결합되는 대신 [가지고]가 결합되었고, 그것에서 [-지고]가 생략되어 쓰이는 것으로 볼 수 있다.

그 변화과정을 공식화하면 다음과 같다.

$$(23)\ [[동사어간+어]\ +\ \begin{bmatrix} 가주고 \\ \\ 가지고 \end{bmatrix}\ ]\ \rightarrow\ [동사어간+어가]$$

(23)은 용언의 어간 다음에 일어난 현상인데, 이는 앞에서 살펴보았던, 명사와의 결합에서도 (24)와 같이 동일한 현상을 보이는 것으로도 증명된다.

$$(24)\ [[명사\ +\ \begin{bmatrix} 을 \\ \\ 로 \end{bmatrix}\ ]\ +\ \begin{bmatrix} 가지고 \\ \\ 가주고 \end{bmatrix}\ ]\ \rightarrow\ [명사+가]$$

이 방언에서의 [-어가]는 동사와 형용사에 두루 쓰이며, 지정사와 같이 쓰일 때에는 [-라가]로 나타난다.

(25)ㄱ. 눈이 많이 <u>와가</u> 갈 수 없나?
　　ㄴ. <u>무섭어가</u> 안 된다.
　　ㄷ. <u>선생이라가</u> 가르치고

(25ㄱ)에서는 동사에, (25ㄴ)은 형용사에 쓰였다. 다만, (25ㄷ)에서는 [-라가]의 형태로 쓰였으나, 이 경우에도 [-라] 다음에는 [-서]가 올 수 있으므로, [-서] 대신에 [-가]가 쓰였다는 데는 의심의 여지가 없다.

3.2. [-어가]의 의미

위에서 살펴본 바와 같이 경상도 방언에서는 [-어가]는 표준어에서의

[-어서]와 같이 쓰이는데, 그 의미는 다음과 같다.

3.2.1. [이유·원인]

[-어가]가 [**이유·원인**]을 나타낼 때는 앞연결문의 내용이 뒤연결문
의 내용의 [**이유·원인**]이 되는 것이다.

(26)ㄱ. 명산을 건디리가 이 절이 망했다

ㄴ. 물이 새가 안 된다

ㄷ. 그래가 일이 안 데뼜다

3.2.2. [상황]

[-어가]가 [**상황**]을 나타낼 때는 동작이나 상태의 시간적인 순서가 앞
연결문이 앞서며, 그 상황에서 뒤연결문의 다른 동작이나 상태가 나타
나야 한다.

(27)ㄱ. 봐가 따에 노먼 뭐 묻을까 겁나고

ㄴ. 가가 묵어 보니까

ㄴ. 혼비 백산해가 다시 뒤돌아 보지도 몬하고

[-어가]는 [있-]과 결합되어 [**지속**]을 나타내는 경우가 있는데(이 1991:
53~54), 이 때도 [-어가]는 [**상황**]을 나타내며, 그 상황이 그대로 [**존재**]하
므로 [**지속**]으로 해석되는 것이다.

(28)ㄱ. 눈이 많이 와가 있었다고 합니다

ㄴ. 한 떨기 풀이 나가 있었다고 합니다

ㄷ. 그 때는 엄동설한이고 눈이 마이 와가 있었는데

ㄹ. 양 어깨에 군포 한 필씩 떡 이리 얹히가 있어가주고

3.2.3. [방법]

[-어가]가 [**방법**]을 나타내는 경우는 앞문장의 내용이 뒷문장의 내용의 방법이 되는 것이다.

(29)ㄱ. 여게는 옛날 돌을 쌓아가 건너갔는데
　　ㄴ. 그것을 끓아 와가 임금을 드렸더니
　　ㄷ. 책을 사가 공부하고

이밖에도 문맥에 따라 몇 가지 다른 의미를 가질 수도 있으나, 본래의 의미가 파생되어 나타나는 것으로 보고, 생략한다.

4. 결론

이상에서 고찰한 것을 요약하여 결론을 삼으면 다음과 같다.

표준어에서의 [-어 가지고]는 [-어서]에서의 [-서] 대신에 쓰이는 것으로, [-어서]와 [-어 가지고]의 의미는 같을 때도 있고, 다를 때도 있다. 이는 다른 많은 예에서 볼 수 있는 바와 같이 통시적으로 본동사 [가지-]에서 보조용언으로 바뀌고, 현대에서는 접미사로 전성되어 본래의 의미인 [**보유**]의 의미를 상실했음을 의미한다.

경상도 방언에서의 [-어가]는 표준어와 마찬가지로 [-어 가지고]와 동일하게 쓰인 것이나, [가지고]에서 [-지고]가 생략된 것으로 접미사화한 것이다. 표준어에서 [-어서]가 [-어 가지고]보다 더 보편적으로 쓰는

데 비하여, 이 방언에서는 [-어서]의 형태보다 더 많이 쓰인다.

[-어가]의 의미는 [**이유·원인**]·[**상황**]·[**방법**]으로 대별할 수 있다.

한국어의 /ㅅ/의 비강음화와 /ㄲ/의 설측음화

그 현상에 대한 화자의 의도에 대하여

1. 머리말

이 글은 한국어에서 일어나는 /l/의 비강음화 [l-nasalization] 와 /n/의 설측음화 [n-lateralization] 에서 그 선택에 작용하는 화자의 의도에 대하여 논의함을 목적으로 한다.

한국어에서는 음절과 음절이 만날 때 많은 동화 작용이 일어난다. 이는 조음 방법을 바꾸는 방법과 조음점을 이동하는 것으로 대별된다. /l/의 비강음화와 /n/의 설측음화는 이 중 조음 방법을 바꾸는 동화 작용이다.

/l/과 /n/은 조음점과 유성음인 점 등이 같고, 다만 조음 방법이 다를 뿐이다.[1] 그러므로 이들은 일원 대립이며, 고립 대립이어서 서로 잘 동화되는 경향이 있다.

/l/과 /n/이 변동되는 현상에는 여러 가지가 있으나,[2] 이 글에서 다루려고 하는 것은 다음의 두 가지 현상이다.

(1) ㄱ. /l/→/n//n/_v
　　ㄴ. /n/→/l//v_/l/
　　　（참고, v: 모음）

---

[1] 생성 음운론에서 말하는 변별적 자질로 보면, 두 음소는 [+anterior, +coronal, +voice] 등이 같고, /n/은 [+nasal, -continuant]이고, /l/은 [-nasal, +continuant]인 점이 다르다.

[2] 몇 가지 예를 들어 보면 다음과 같다. (/은 환경을 나타냄)

(1) /l/→/n//p, t, k/_v
(2) /l/→/n//m, ŋ/_v
(3) /n/→/m//v_/p, p', ph/
(4) /n/→/ŋ//v_/k, k', kh/

이 둘의 동화 작용은 선별적으로 일어나는데, 그 원인이 분명히 밝혀져 있지 않다. 물론 이에 대하여 많은 논의가 있었음에도, 그 두 가지 현상을 선별하는 뚜렷한 이유는 제시되지 않았다.

그러므로 이 글에서는 이에 대한 몇 가지 선행 연구를 검토해 보고, 그 작용의 원인을 규명하는 데 초점을 두기로 한다.

2. 선행 연구의 검토

동화 작용을 구체적으로 앞서 설명한 이로는 최현배(1975: 121-122)를 들 수 있다. 그 중에서 이 글에서 다루려는 부분의 동화 작용에 대하여,

ㄴ이 ㄹ의 앞이나 뒤에서 날 적에는, ㄹ을 닮아서 그 코소리가 없어지고, 굴림소리(轉音, 顫舌音)가 되어서 ㄹ로 나느니라.
> 보기:
> '천리(千里)'가 '철리'와 같고,
> '불노(不老)'가 '불로'와 같고,
> '팔년(八年)'이 '팔련'과 같고,
> '솔나무'가 '솔라무'와 같은 따위

라고 하고, 또한, "이 때에 ㄹ이 ㄴ을 닮는 수가 있나니: '천량'을 '천냥'과 같이 냄과 같으니라."(최1975: 121)라고도 했다. 그러나 왜 그런 변동이 일어나는지에 대하여는 언급이 없다.

박창해(1967: 87)는 "비강 음운 조화 nasal harmony 3"에서 "/n l/ > /n n/"이 되는 예를 다음과 같이 들었다.

/cinlo/ > /cinno/ 진로, /konlan/ > /konnan/ 곤란, /kwanlye/ > /kwannye/관례,

/kwanlyək/ > /kwannyək/ 관력, /kunlyəŋ/ > /kunnyəŋ/군령,

/panlon/ > /pannon/ 반론, /sanlok/ > /sannok/ 산록

그는 또한 '설측 음운의 소화 lateral harmony 1'에서 다음과 같이 밀했다(박1967: 89-90)

> 두 모음 사이에서 비강 음운과 설측 음운, 또는 설측 음운과 비강 음운이
> 배합될 때에는 다음과 같은 결과를 낳는다. 곧.
> /-n l-/ >/-l l-/
> /-l n-/ >/-l l-/

이 중 이 글의 논의와 관련이 있는 "/-n l-/ > /-l l-/"은 다음과 같은 예들을 들었다.[3]

/kwanli/ > /kwalli/ 관리, /kwanlip/ > /kwallip/ 관립,

/tanlak/ > /tallak/ 단락, /tanlyən/ > /tallyən/ 단련,

/nanlip/ > /nallip/ 난립, /inlyu/ > /illyu/ 인류

이와 같은 현상은 '표준 발음법'에도 그대로 적용되어 다음과 같이 규정하였다(문교부1989).

---

3 여기서는 최(1975: 140)에서 말하는 "버릇 닿소리", 예를 들면 '재능(才能)'을 '재릉'이라 하고, '곤난(困難)'을 '골란'이라 하는 따위나, 박(1967: 90-91)에서 다룬 '/sinnyəm/ > /sillyəm/, /talnala/ > /tallala/' 와 같은 것은 제외한다.

제20항 'ㄴ'은 'ㄹ'의 앞이나 뒤에서 [ㄹ]로 발음한다.

   (1) 난로[날ː로] 신라[실라] 천리[철리] 광한루[광ː할루] 대관령[대ː괄령]

   (2) 칼날[칼랄] 물난리[물랄리] 줄넘기[줄럼끼] 할는지[할른지]

   [붙임] 첫소리 'ㄴ'이 'ㄶ', 'ㄾ' 뒤에 연결되는 경우에는 이에 준한다.

   닳는[달른] 뚫는[뚤른] 핥네[할레]

   다만, 다음과 같은 단어들은 'ㄹ'을 [ㄴ]으로 발음한다.

   의견란[의ː견난] 임진란[임ː진난] 생산량[생산냥] 결단력[결딴녁]

   공권력[공꿘녁] 동원력[동ː원녁] 상견례[상견녜], 횡단로[횡단노]

   이원론[이ː원논] 입원료[이붠뇨] 구근류[구근뉴]

한편 변형 생성 이론자들의 논의에서, C. W. Kim(1970)은 합성어의 경우 단어와 단어 사이에 사잇소리를 넣어 이 문제를 해결하려 했다.[4]

     /kipon++lilon/

      kipon t lilon 사잇소리 삽입

      kipon t nilon /l/→/n/ 작용

      kipon n nilon 자음의 단순화

      [kibonniron]

그러나 Cheun(1977: 70)에서 말한 바와 같이[5] 이는 하나의 단어 안에서, 즉 형태소와 형태소 사이에서는 이 논리가 잘 맞지 않는다. 또한 사

---

4 이하 Cheun(1977: 69-74) 참조.

5 '대륙'에서 사잇소리 삽입 규칙을 적용하면, 다음과 같이 잘못된 결과가 나온다(Cheun1977: 70).

   /##tæ++lyuk##/

   tæ t lyuk   사잇소리 삽입

   tæ t nyuk   /l/→/n/ 작용

   tæ n nyuk   /t/→/n/ 작용

   *[tænnyuk]   표면구조

잇소리는 단어와 단어가 만날 때 뒤 단어의 첫소리가 된소리가 될 때에 삽입되는 것으로 이 경우처럼 된소리의 짝이 없는 음소 앞에서 사잇소리가 들어가야 하는지도 의문이다.

C. M. Lee(1972)는 이 경우 뒤 단어이 첫소리가 /n/ 으로 바뀌는 것으로 해결하려 했다.

/kipon#lilon/
kipon#nilon   /l/→/n/ 규칙
kipon++nilon   #→++:/c__ n{i, y}
---------   /n/ 탈락 적용 안 함
[kibonniron]

이는 단어의 경계를 없앰으로써 자동적으로 /l/이 /n/으로 변동된 것으로 본 것이다.

Sang-buom Cheun(1977: 69-74)도 단어의 경계를 없애는 것으로 이 문제를 해결했으나, 다만 기본 형태의 양상에 따라 두 가지 형태로 나타내려 했다.

a. /##ki-pon##li:-lon##/
   ##ki-pon##ni:-lon##
      ki-pon ni:lon   단어 경계 없앰
      --------   /n/ 탈락 적용 안 함
      ki-pon ni-lon   단모음화
      [kibonniron]   표면구조
b. /##ki-pon##li:-lon##/
   ##ki-pon##ni:-lon##

##ki-pon## iː-lon	/n/탈락
ki-pon iː-lon	음절 경계 생략
ki-pon i-lon	단모음화
[kiboniron]	표면구조

위에서 'a'는 뒤 단어의 기본 형태가 /lilon/으로 유지된 채로 단어 경계가 없어지지만, 'b'는 그 기본형태에서 /l/이 탈락한 다음에 단어의 경계가 없어진 점이 다르다.

위에서의 논의는 합성어의 경우, 앞 단어가 /n/으로 끝나고, 뒤 단어의 첫소리가 /l/이라는 가정하에 이루어진 것이다. 만약 기본 형태를 /l/이 없는 것으로 볼 때는 뒤 단어의 첫머리에 /l/ 삽입 규칙이 먼저 적용되어야 한다.[6]

이와는 달리 Ongmi Kang(1993)은 하나의 단어 내에서 이루어지는 현상도 단어와 단어의 결합으로 다루었다. 즉, '한인록'이 [한인녹]이 되는 것은 뒤의 '록'이 단어이기 때문에 비강자음화 현상이 일어났다고 보고, '산림'이 [살림]'이 되는 것은 하나의 단어이기 때문이라고 보았다 (Kang1993: 204-213).

```
        N[N[hanin]N[lok]]              N[sanlim]
a. syll:    ‖ ‖ │   ‖ │       a. syll:   ─ ─ ─ ─ ─ ─
              σ  σ   σ

b. l-nas.        n            b. n-lat.      ‖
        ─ ─ ─ ─ ─ ─ ─ ─                ─ ─ ─ ─ ─ ─
         (haninnok)                    (sallim)
```

---

6 물론 '한글 맞춤법'에서도 이 경우 /l/이 있는 것을 기본음으로 하고, 두음 법칙에 의하여 어두에서는 /l/이 탈락한 것으로 보는데, 그런 견해라면 합성어에서는 /l/이 첨가된 것으로 보아야 한다.

Kang(1993: 205)은 단어 안에서는 'n-laterization'이 'l-nasalization'보다 앞서 적용되어야 올바른 표면 구조를 가질 수 있다고 하였다. 그러나 앞의 예들에서 본 것처럼 한 단어 내에서도 'l-nasalization'이 적용되는 예들이 있는 것으로 보아, 이 주장은 설득력이 약하다. 또한 '횡단로(橫斷路)'에서의 '로(路)'는 단어이고, '원로(元老)'에서의 '로(老)'는 단어가 아니라는 증거도 희박하다.[7]

오정란(1993: 91-104)은 이 현상을 자음의 강도에 의한 동화로 보았다. 즉 오(1993: 96)는 자음의 강도를 다음과 같이 제시하였다.

glides	liquids	nasals	voiced continuent	voiceless continuent	voiced stop	voiceless stop	tensed
--->
1	2	3	4	5	6	7	

오(1993: 96)는 "음절두음의 강도강세: Cf(s)≦Ci(s)"의 규칙을 세웠는데, 이는 "(C)VCfCiV(c)의 구조에서 음절두음 Ci는 음절말음 C보다 자음강도에서 같거나 강하려는 속성이 있다."는 것을 나타낸다. 결국 뒤 음절 /l/이 앞 음절 말음 /n/을 만날 때 /n/이 되는 것은 이 규칙으로 설명되며. 만약 이 제약을 어기는 결합형이 나타나면, 이 규칙에 맞게 조정하려는 음운 과정이 일어나게 되는데, 이에는 "강도 올리기 과정"과 "강도 낮추기 과정"이라고 했다. 앞 음절 말음인 /n/이 뒤 음절의 두음 /l/을 닮는 것은 여기서 말한 "강도 낮추기 과정"에 해당한다. 결국 여기서 논하려는 현상은 두 가지가 모두 일어나게 되는데, 왜 그런 선택을 하게 되는가에

---

7 단음절어인 중국어에서는 당연히 '路'와 '老'가 단어일 것이나, 우리말에서 이 둘은 자립 형태소가 아니고, 구속 형태소이니, 독립된 단어라고는 볼 수 없다.

대한 설명은 없다.

이상에서 살펴본 바와 같이 형태소와 형태소가 만날 때, /n/의 설측음화, /l/의 비강음화 현상은 많은 논의가 있어 왔고, 합성어로서 다룰 때 사잇소리를 넣는다든지, 단어의 경계를 두었다가 없앤다든지 하는 방법으로 해결하려 했으나, 그 분명한 원인을 제시하지는 못했다는 점을 알 수 있다.

3. /n/의 설측음화, /l/의 비강음화[8]에 대한 화자의 의도

/n/의 설측음화, /l/의 비강음화 현상 중 이 글에서 다루려는 내용은 (1)과 같은 환경에서 일어나는 것이다. 이에 해당하는 예들은 다음과 같다.

(2) ㄱ. 아름다운 라이락

ㄴ. 신록(新綠)

ㄷ. 선릉(善陵)

이와 같은 경우에 왜 어떤 경우에는 설측음화가 일어나고, 어떤 경우에는 비강자음화가 일어나느냐 하는 것이다.

(2ㄱ)은 구와 구가 만나는 환경이다. 이 경우는 구의 경계를 둘 때와 그렇지 않을 때에는 발음에 차이가 있다. 즉, 전자는 [아름다운+라이락]

---

8 이와 같은 현상은 다른 언어에서도 흔히 발견되는 것이다.

영어: independent, irrational, illegible

Kiamath어: honlina→hollina, w'inl'ga→w'i'llga

Toba어: nn→ll, nl→ll

cf. Keren Rice & Peter Avery(1991: 107~109)

으로 발음되지만, 후자는 [아름다운나일락]이 된다(참조, +: 휴지 또는 개리 연접 [open juncture]). 이를 규칙으로 나타내면 다음과 같다.

(3) ㄱ. /#alïmtaun##laillak#/

    #alïmtaun##laillak#

      alïmtaun+laillak

    ‾‾‾‾‾‾‾‾‾‾‾‾‾‾   /l/→/n/ 적용 안 됨

     [arïmdaun+raillak̚]   표면 구조

  ㄴ. /#alïmtaun##laillak#/

    #alïmtaun##laillak#

      alïmtaunlaillak   구경계 없앰

      alïmtaunnaillak   /l/→/n/ 규칙 적용

     [arïmdaunnaillak̚]   표면 구조

     (참고, #: 구경계)

(3ㄴ)의 경우에 /l/의 비강음화 작용이 적용된다면, '[arïmdaullaillak]' 이 된다. 이는 '아름다울 라일락'이 되어, 관형형 어미의 의미에 혼동을 가져온다. 그러므로 아무리 빠른 말일지라도 이런 오류는 일어나지 않는 다. 그러므로 앞 단어의 의미를 보전하려 하는 의도에서 앞 음절의 /n/을 [n̚][9]으로 발음하게 되고, 그 결과 '아름다운 라익락'은 이 경우 뒤 음절 의 /l/이 앞 음절의 /n/에 동화되어 비강음화한다.

(2ㄴ)의 '신록'은 다음과 같이 [실록]으로 발음된다.

(4) /sin$lok/

    sinlok   음절 경계 없앰

---

9 [n̚]은 이 경우 내파음의 표기로서, 의도적으로 분명히 발음함을 나타낸다.

```
-----     /n/의 의도적 발음 없음
sillok    /n/의 설측음화
[sillok̚]
(참조, $: 음절 경계)
```

이런 현상이 생기는 것은, 앞 음절의 끝소리 /n/이 끝나기 전에 /l/을 시작해야 하기 때문에 아예 처음부터 /l/로 발음해 버리는 것이다. 이는 발음을 쉽게 하려는 현상, 즉 '조음 노력 경제 현상(調音努力經濟現象)'이라 할 만하다.[10]

그러나 이와 같은 설명은 (2ㄷ)의 '선릉'의 발음 현상을 설명하기에는 부족하다. 이는 조음의 편의만을 위한다면 '[səllïŋ]'이 되어야 하는데, 그렇게 되지 않는 이유가 있을 것이다. 또한 이것을 앞에서 살펴본 Cheun(1977)이나 Kang(1993)에서 말한 단어의 경계설이나, 단어 자격의 유무설로는 설명되지 않는다. 즉, '신록(新綠)'에서의 '록(綠)'이나, '선릉(善陵)'에서의 '릉(陵)' 중에서 어떤 것은 단어이고, 어떤 것은 단어가 아니라고 단언하기 어렵기 때문이다.

우리는 (2ㄱ)에서 구와 구가 만날 때, /n/의 설측음화가 일어나면, 심각한 의미의 혼란이 야기됨을 보았다. 이 경우 화자는 그 혼란을 방지하기 위하여 앞 음절의 /n/을 [ñ]으로 의도적으로 발음해야 하며, 그러면 다음에 따라오는 /l/은 /n/으로 발음된다는 것을 알 수 있었다. 필자는 형태소와 형태소, 단어와 단어 사이에서도 이런 의식적인 현상이 나타난다고 본다.

---

10 이에 대하여 Kevin Rice & Peter Avery(1991: 121)는 다음과 같이 말하고 있다.

"While laters have coronal properties phonologically, we suggest that this is not a result of Lateral being a dependent of Coronal but instead follows from a structural constraint, the structural complexity costraint."

이를 증명하기 위하여 몇 가지 이와 유사한 한국어의 현상을 살펴보기로 하자.

한국어에서는 다음과 같이 모든 음절의 받침이 7개의 음소로 나타난다.

(5) /ㄱ, ㄷ, ㅂ, ㅁ, ㄴ, ㄹ, ㅇ/

즉, 기본 형태를 표기하는 형태소 표기[11]에 사용되는 받침들은, 발음에서 이 7개의 받침 중의 하나로 중화 또는 귀착된다(허웅 1985: 267-268). 그러나 앞에 자음으로 끝나는 어휘 형태소 [lexical morpheme] 가 오고, 뒤에 모음으로 시작되는 문법 형태소 [grammatical morpheme] 가 오면, 앞의 받침은 귀착 현상이 일어나지 않고, 뒤 음절의 첫소리로 연철된다.

(6) ㄱ. 옷에 [ose]
    ㄴ. 읽어[ilgə]

이와는 달리 어휘 형태소와 어휘 형태소가 결합할 때는 앞 형태소는 먼저 7개의 받침 중 하나로 귀착된 다음에 연철된다. 예를 들어 '옷안'은 다음과 같은 규칙의 적용을 받는다.

(7) /os+an/
    ot+an   받침 규칙
    otan   음절 경계 없앰

---

[11] 기본 형태를 표기하지 않고, 발음되는 대로만 표기한다면, 7개의 자음으로 충분하다. 7개의 받침 이외의 다른 받침 또는 둘 받침을 쓰는 것은, 기본 형태를 표기하기 위한 방편이다.

[odan]　표면 구조

이런 현상이 일어나는 것은 '옷안'이 '[osan]'이 되면, 원래의 의미와는 다른 엉뚱한 의미가 되기 때문에 이를 방지하기 위하여 먼저 받침 규칙을 적용하고, 그 다음 연철이 되는 것이다. 이 경우에도 [r̚]은 의도적으로 내파음으로 발음하는 것이라고 할 수 있다.

또한 이런 의미에 관련된 음운 변동 현상은 이른바 경음화 현상이나 사잇소리 현상에서도 발견된다.

(8) ㄱ. 강가[江邊]

ㄴ. 냇가[川邊]

(8ㄱ)에서 '강가'를 '[kaŋga]'라고 하면, '강가[姜氏]'와 의미의 충돌이 생긴다. 그러므로 이 때의 발음은 '[kaŋk'a]'라야 맞는다. 즉, 이 경우 앞 음절의 받침을 그냥 [ŋ]으로 발음하는 것이 아니라, [ŋ]으로 발음해서 뒤에 후두 긴장이 생기게 하는 것이다.

(8ㄴ)에서 '내'와 '가'가 합쳐지는 경우에도 [næga]가 아니라, [næk'a] 또는 [nætka]가 되는 것도 '내가(1인칭 주어)'와 혼동되는 것을 막으려는 현상이다.

또한 특별히 의미에 영향을 미치지 않을 경우 동일한 음소가 겹쳐지면, 하나로 축약되는 성질이 있다.

(9) ㄱ. 재미 있다 → 재밌다

ㄴ. 가았다 → 갔다

ㄷ. 무우 → 무

그러나 이런 축약 현상이 의미 전달에 문제가 있으면, 절대로 그런 현상이 생기지 않는다.

(10)ㄱ. 이이(대명사 '이'의 주격) *[i]
　　ㄴ. 투우사(鬪牛士:) *[thusa]

이럴 때는 모음과 모음 사이에 의도적으로 쉼[pause]을 두든지, 앞 음절의 모음을 점약음으로 발음하고, 뒤 모음을 점강음으로 발음해야 한다(허웅1985: 226). 그렇지 않으면, 다음과 같이 발음되어 의미에 혼동을 주기 때문이다.

(11)ㄱ′. 이(대명사)
　　ㄴ′. 투사(鬪士:)

이런 점으로 볼 때 (2ㄷ)의 '선릉'에서 /l/의 비강음화가 일어나는 것은, 앞 형태소의 의미를 분명히 하려는 의도 때문에 일어나는 현상이라고 볼 수 있다. 이를 그 형태소에 초점을 두는 것이라고 가정해 보자. '선릉'의 표면화는 다음과 같은 규칙으로 도출된다.

(12) N[M[선]M[릉]]
　　sən+liŋ
　　sə̃n+liŋ　　앞 형태소 초점화, 내파음화
　　sə̃n+niŋ　　/l/의 비강자음화
　　sə̃n̄niŋ　　음절 경계 생략
　　[sə̃n̄niŋ]
　　(참고, N: 명사, M: 형태소)

만약 '선릉'을 '[səlliŋ]'이라고 하면, '설릉(雪陵)'이 될 수도 있으니. 왕릉을 이렇게 잘못 부르면 어떤 화가 미칠지 짐작하기 어렵다. 그러므로 앞의 형태소에 초점을 두어(강조하여) 발음하면, 다음에 오는 /l/이 앞의 /n/을 닮게 되는 것이다.

이와 같은 관점에서 다음의 단어들을 비교해 보면, 그 의미의 차이가 어떤 것인지 잘 알 수 있다.

(13) 의견란[의:견난] vs 의결란(議決欄), 임진란[임:진난] vs 임질란(淋疾欄)
　　 생산량[생산냥] vs 생살량(生殺量), 결단력[결딴녁] vs *결달력
　　 공권력[공꿘녁] vs 공귈력(空權力), 동원력[동:원녁] vs 동월력(動月曆)
　　 상견례[상견네] vs 상결례(上缺禮), 횡단로[횡단노] vs *횡달로(橫達路)
　　 이원론[이원논] vs 이월론(移越論), 구근류[구근뉴] vs *구글류

주지하다시피 언어는 화자와 청자 간에 의사소통을 하기 위한 매체이다. 그러므로 화자는 청자에게 분명히 발음하여, 명확한 의미를 전달하려는 의도를 가지고 있다. 이 점은 두 가지 표현 형식이 있을 때 그들이 혼동될 우려가 있으면, 그것을 방지할 수 있는 방법을 사용할 것은 틀림없는 사실이다.

4. 맺는 말

이 글에서 필자는 /n/이 설측음화와 /l/의 비강음화에 대하여, /n/이 앞 음절의 받침이고, /l/이 뒤 음절의 첫소리일 때, 왜 그런 현상이 선별되어 나타나는지를 살펴보았다.

앞선 연구들에서 단어와 단어의 경계 삭제로 해결한다든지, 단어와 비 단어의 합성으로 이를 구별한다든지 하는 방법은 그 모든 현상을 설명하기에 부족하였다.

필자는 이 경우 /l/이 비강자음화(여행동화)하는 것은 화자가 앞의 형태소를 분명히 발음하려는 의도 때문에 야기되는 것으로 보았다. 물론 그런 의도가 없으면, 자연스럽게 /n/의 설측음화(순행동화)가 이루어진다.

충청북도 지명 연구

후반부의 고유어를 중심으로

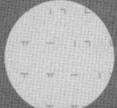

1. 머리말

이 글은 국어학, 방언학의 관점에서 지명의 중요성을 인식하고, 충청북도 지명의 후반부[1]가 고유어로 명명된 자료를 대상으로 그 뜻과 분포를 밝히려는 데 목적을 둔다.

충청북도는 한반도의 중앙에 위치하고 있으며, 동쪽으로는 경상북도, 서쪽으로는 경기도와 충청남도, 북쪽으로는 강원도, 남쪽으로는 전라북도와 접하고 있다. 그러므로 다른 도와 인접한 지역에서는 그 방언과 혼합되어 각기 다른 양상을 나타내고 있다. 또한 역사적으로도 삼한 정립 시대에는 마한에 속하였고, 삼국시대에는 중부지역은 백제, 북부는 고구려, 남부는 신라가 차지하여 역시 삼국의 언어가 혼합되어 쓰였을 것임을 짐작할 수 있다. 이와 같은 특성은 지명에도 잘 반영되어 있으리라고 본다. 이 글에서는 충북의 시·군에서 청주시와 청원군은 이미 필자(1995)가 지명에 관하여 고찰한 바가 있으므로, 그 곳을 제외한 나머지 부분―충주시, 제천시, 보은군, 옥천군, 진천군, 영동군, 괴산군, 음성군, 단양군―을 다룬다.

주지하다시피 지명은 그 대상지의 자연, 풍습, 인물, 전설, 기타의 특색을 잘 나타내고 있으며, 특히 후반부는 여러 번의 지명 변경에도 불구하고 원래의 고유어를 잘 보존하고 있다고 본다.[2] 그러므로 문헌에서는 잘 찾을 수 없는 자료도 지명을 통해서 알 수 있는 경우도 많다.

---

1 지명은 명명의 동기와 관련되어 있는 전반부와 일반적인 땅의 종류를 나타내는 후반부로 이루어져 있다. 충북 지명에서 전자를 대상으로 연구한 논문으로는 전철동(1989), 김순영(1994) 참조.

2 우리나라의 지명은 원래는 알타이어에 속하는 순수한 우리말로 되어 있었으나, 4세기경에 한자가 들어온 후 신라 35대 경덕왕 16년에 한자어로 바꾸었다는 기록이 있고("冬十二月改沙伐州爲尙州 領州 一郡十縣三十……", 김부식, 三國史記 권9, 경덕왕 16조) 그 뒤에도 몇 번 변동이 있었다. 그러나 행정 단위 이하에까지 명칭 변경의 조치가 있었다고는 생각하지 않는다.

지명 중에서 행정단위('리' 단위)까지는 후반부를 국가에서 지정한 명칭을 사용하고 있으나, 그 아래의 단위—마을, 산, 들, 강, 개천, 고개, 논, 밭, 나루 등—를 나타내는 경우 그런 예들이 더욱 흔히 발견된다. 이 글은 충청북도 지명 중에서 그러한 행정 단위 이하의 지명을 중심으로 하여 고찰하여 보고자 한다. 물론 행정 단위 이하의 지명도 고유어와 한자어로 된 것으로 대별할 수 있으나, 이 글에서는 고유어로 된 것만을 대상으로 한다. 자료는 필자가 채집한 것을 주로 하고, 충청북도(1995)에서 조사, 작성한 '地名審議資料'를 참고로 했음을 밝혀 둔다.

후반부가 고유어로 된 지명(땅이름)에는 일반명사와 어간·접미사가 쓰인다. 이 글에서는 이들을 나누어서 살펴보기로 한다.

2. 충북 지명에서 고유어로 된 후반부

지명의 후반부는 일반적인 명칭에 해당되며, 고유의 명칭은 전반부에 두게 된다. 그런데 후반부도 고유어로 된 것과 한자어로 된 것으로 나눌 수 있다. 아마도 한자어로 된 것도 그 이전에는 고유어로 되어 있었을 수도 있고, 새로운 명칭을 얻을 때 처음부터 한자어로 된 것일 수도 있다. 여기서는 고유어로 된 예만을 자료로 삼았다.

2.1. 일반명사

일반명사는 사물을 이용하여 지명을 나타내는 것과 방향, 또는 위치를 지시하는 명사를 이용하여 지명을 나타내는 것으로 대별할 수 있다.

2.1.1. 일반 사물을 이용하는 것

2.1.1.1. {치}

'치'는 한자로 '峙'라고 표기하기도 하나, 이는 고유어 '티'에서 구개음화된 것으로 고개를 나타내는 말이나.[3]

충주시

달은치(가주동), 대문치(이류면 매현리), 갈치(앙성면 용대리), 개치(가금면 장천리), 배오개치(동량면 함안리), 죽방치(동량면 함안리), 문두치(엄정면 가춘리)

제천시

사작치(수산면 대전리), 사슬치(송학면 입석리)

보은군

비조치(마로면 오천리), 오천치(마로면 오천리), 왕래치(마로면 소어리)

옥천군

구둔치(동이면 적하리), 여치(청성면 능월리, 청성면 만월리)

영동군

율치(양산면 누교리)

괴산군

분젓치(증평읍 율리), 밀치(청천면 삼송리), 길택치(청천면 삼송리), 제수리

---

3 이(1965: 106)에서는 전남 지방의 지명에서 나타나는 『치』를 '城'을 뜻하는 '지'에서 격음화한 것이 아닌가 하는 의견을 피력했으나, 여기 지명에서는 모두 고개를 나타내고 있다. '치'는 한자 '峙'로 표기하고 있으나, 이는 '티'에서 '티'이 구개음화하여 '치'로 변하는 것과 음과 뜻이 우연히 일치하였기 때문에 그렇게 표기한 것으로 보인다. 성(1995: 186) 참조.

치(칠성면 쌍곡리), 대간치(불정면 창산리)

음성군
도마치(맹동면 통동리)

단양군
매남치(단양읍 기촌리), 저수치(대강면 올산리), 매남치(가곡면 대대리)

2.1.1.2. {티}

‘티’는 ‘고개’를 나타내는 옛말이다. ‘태’는 ‘티’에서 ‘/ㅣ/’가 ‘/ㅐ/’로 변이
된 것이다.

제천시
웃티(백운면 모정리)

보은군
거무티(상슴면 원남리), 갈티(회북면 갈티리)

괴산군
밤티(증평읍 율리), 은티(연풍면 주진리), 한티(청천면 대티리)

음성군
구진태(음성읍 삼생리)

단양군
피티(대강면 직치리)

2.1.1.3. {재}

'재'는 길이 나서 넘어 다닐 수 있는 높은 산의 고개를 뜻한다.

충주시

만리재(교현1동), 마지막재(안림동), 갑둥이재(살미면 공이리), 기름목재(상
모면 온천리), 지름재(상모면 미륵리), 질마재(노은면 대덕리, 앙성면 지당리),
우리재(노은면 문성리), 돌막재(가금면 장천리), 수리재(동량면 지동리), 장
개미재(산척면 송강리), 소태재(소태면 구룡리)

제천시

중재(동현동), 양지길마재(금성면 양화리), 음지길마재(금성면 대장리), 영아
재(청풍면 학현리), 거무재(청풍면 신리), 봉화재(수산면 오치리, 한수면 덕곡
리), 계란재(수산면 계란리), 모녀재(덕산면 도기리), 중치재(덕산면 탄지리),
용두재(백운면 덕동리), 배재(백운면 화당리), 봉화재(한수면 덕곡리), 비지
재(백운면 화당리), 강승갱이재(백운면 화당리), 구렁재(백운면 방학리), 비
끼재(봉양면 학산리), 배재(송학면 무도리), 점재(송학면 무도리)

보은군

성재(보은읍 산성리, 내북면 서지리), 세목이재(보은읍 성족리), 백지미재(외
속리면 서원리, 마로면 갈평리), 까치목재(내북면 하궁리)

옥천군

며느리재(옥천읍 교동리, 안내면 장계리), 사목재(옥천읍 삼청리), 부리기재
(안남면 인포리), 장군재(청성면 소서리), 샘터재(청성면 판수리), 밤재(청산
면 대덕리), 지내재(이원면 강청리), 곤룡재(군서면 사양리), 닭재(군서면 사
양리), 재말재(군서면 금산리)

영동군

솔치재(용산면 율리), 장군재(용산면 금곡리), 귀비재(용산면 시금리), 갈태재(추풍령면 죽전리), 전등재(추풍령면 작점리), 질매재(상촌면 흥덕리), 방화재(양강면 괴목리)

진천군

파재(문백면 사양리), 그럭재(문백면 사양리)

괴산군

부챙이재(괴산읍 신항리), 질마재(증평읍 율리), 바람재(감물면 추점리), 지름티재(연풍면 주진리), 매내미재(칠성면 송동리), 굴티재(문광면 양곡리), 갓바위재(청천면 삼송리), 수안재(청천면사담리), 질마재(청안면 문당리), 송치재(사리면 방축리)

음성군

감우재(음성읍 감우리), 도마재(원남면 삼용리), 백금재(대소면 삼정리), 묘구재(생극면 차곡리), 질마재(감곡면 사곡리), 외재(감곡면 평리)

단양군

고숲재(단양읍 고수리), 호무재(매포읍 삼곡리), 피티재(대강면 직치리), 빗재(대강면 방곡리), 배재(대강면 남조리), 민배기재(가곡면 어의곡리), 마당재(영춘면 남천리), 장재(어상천면 연곡리), 중재(어상천면 연곡리), 농우재(어상천면 임현리), 성재(단성면 하방리), 게란재(단성면 두항리), 화니미재(단성면 가산리), 피티재(단성면 가산리)

2.1.1.4. {고개}

산이나 언덕을 넘어다니게 된 언덕진 곳을 '고개'라고 한다.

충주시

갓고개(살미면 세성리), 장고개(살미면 세성리), 돌고개(상모면 수회리), 갈마고개(상모면 중산리), 쇠실고개(이류면 금곡리), 안골고개(신니면 모남리), 웃고개(신니면 문악리), 능안고개(신니면 문악리), 할미고개(신니면 문악리), 귀룡고개(신니면 문숭리), 질마루고개(노은면 대덕리, 앙성면 지당리), 은고개(노은면 가신리), 노은고개(노은면 수용리, 가금면 하구암리), 솔고개(노은면 법리), 웃고개(노은면 법리), 능안고개(노은면 법리), 지능고개(노은면 안락리), 용당지고개(노은면 문성리), 재앙골고개(노은면 신효리), 중간말고개(앙성면 단암리), 닭이머리고개(앙성면 중전리), 선바리고개(앙성면 중전리), 해남고개(앙성면 중전리), 상영죽고개(앙성면 영죽리), 세고개(앙성면 영죽리), 내동고개(앙성면 본평리), 된언덕고개(앙성면 마연리), 비내고개(앙성면 조천리), 조대고개(앙성면 조천리), 너른고개(앙성면 영죽리), 쇠골고개(가금면 하구암리), 독골고개(동량면 조동리, 산척면 영덕리), 사당고개(산척면 영덕리), 외촌이 고개(엄정면 원곡리), 만명고개(엄정면 원곡리, 소태면 동막리), 진고개(엄정면 신만리), 웃세 고개(엄정면 신만리), 외촌이 고개(소태면 구룡리)

제천시

질고개(용두동), 덕고개(교동), 솔치고개(동현동)

보은군

성고개(내속리면 백현리), 잣고개(내속리면 백현리), 노티고개(내북면 상궁리)

옥천군

음지돌고개(동이면 세산리), 도고개(청성면 예곡리)

진천군

배성고개(진천읍 상계리), 질고개(진천읍 금암리), 장고개(진천읍 금암리),

지장골고개(진천읍 지암리), 말이장고개(진천읍 두촌리, 초평면 금곡리), 거범고개(문백면 계산리), 싸리재고개(백곡면 대문리), 해너미고개(초평면 오갑리), 갈티고개(초평면 금곡리), 원고개(이월면 미잠리), 붓고개(만승면 죽현리)

괴산군
각골고개(괴산읍 신항리), 안심고개(괴산읍 신기리), 양산목고개(감물면 매전리), 당고개(연풍면 행촌리), 거리고개(청암면 부흥리), 고리터고개(사리면 소매리), 배실고개(사리면 화산리), 화산고개(사리면 화산리), 쇠실고개(불정면 삼방리)

음성군
숫고개(음성읍 용산리), 군자리고개(음성읍 삼생리), 거문거리(음성읍 삼생리), 삼실고개(음성읍 초전리, 원남면 하당리), 잣고개(음성읍 읍내리), 용고개(소이면 봉전리), 갑산고개(소이면 갑산리), 상노고개(원남면 상로리), 굴안리고개(원남면 구안리), 토골고개(원남면 주봉리), 내동고개(원남면 주봉리), 덕고개(원남면 조촌리), 수레티고개(삼성면 대사리), 겨티고개(삼성면 대사리), 장고개(삼성면 덕정리), 서낭당고개(삼성면 상곡리), 된고개(생극면 임곡리), 오아골고개(생극면 차평리), 세고개(생극면 신양리), 뒷고개(생극면 병암리), 안골고개(생극면 오생리), 사잇골고개(감곡면 상우리), 돌마래미고개(감곡면 상우리), 아홉사리고개(감곡면 문촌리), 지당리고개(감곡면 상우리), 행군이고개(감곡면 오행리), 성황당고개(감곡면 오행리), 잿말고개(감곡면 오행리), 단지고개(감곡면 주천리), 우실고개(감곡면 영산리), 상촌고개(감곡면 영산리), 톡실고개(감곡면 영산리), 싸태고개(감곡면 평리), 오야골고개(감곡면 평리), 중고개(감곡면 월정리)

단양군
노루고개(단양읍 장현리), 고수고개(가곡면 사평리), 사고개(어상천면 연곡리)

2.1.1.5. {모롱이}

산모퉁이의 휘어 돌아간 곳을 '모롱이'라 한다. '모랭이'는 '모롱이'에서 '/ㅗ/'가 '/ㅔ/'로 변이된 것이다.

충주시
원모롱이(노은면 수룡리), 바위모랭이(가금면 장천리), 돌모렝이(가금면 용진리)

음성군
능모롱이(원남면 하호리)

2.1.1.6. {골}

'골'은 '골짜기'의 준말로 여기서는 마을 이름을 나타낸다.[4]

충주시
봉골(종민동), 한우골(목벌동), 학골(용탄동), 절골(용탄동, 살미면 내사리), 용골(금능동), 귀골(살미면 향산리), 귀양골(살미면 세성리), 한여골(살미면 공이리), 깃골(상모면 안보리), 곰지골(상모면 안보리), 주정골(이류면 완오리), 능골(이류면 금곡리), 왜골(이류면 만성리), 가상골(이류면 만성리), 광산골(이류면 만성리), 삼박골(이류면 만성리), 궁골(이류면 탄용리), 숯골(이류면 탄용리), 배나무골(주덕면 삼천리), 방추골(신니면 신청리), 홍골(노은면 가신리), 동막골(노은면 가신리), 보련골(노은면 연하리), 다락골(노은면 법리), 산냥골(노은면 법리), 샘골(노은면 안락리), 우단골(노은면 안락리), 아래다밭골(노은면 문성리), 윗닥밭골(노은면 무성리), 가는골(앙성면

---

4 '골'은 고구려어의 '忽'에서 왔다는 견해가 있다(김형규 1980: 7-10). 이는 '城'을 나타냈다고 하는데(이기문 1991: 259, 307, 312), 중세어에서는 '골'은 '谷'을 뜻했다(성 1995: 188-189).

영죽리), 재앙골(노은면 신효리), 복상골(앙성면 본평리), 복개골(앙성면 본평리), 다랑골(앙성면 마연리), 새골(앙성면 돈산리), 아랫밤나무골(앙성면 목미리), 뒷골(앙성면 영죽리), 새팍골(앙성면 능암리), 성주골(앙성면 능암리), 봉황골(가금면 가홍리), 영복골(가금면 장천리), 부두골(가금면 장천리), 목골(가금면 하구암리), 용골(가금면 답평리), 큰골(가금면 수암리), 사랑골(금가면 잠병리), 삼태미골(금가면 매하리), 신골(금가면 원포리), 족족골(동량면 용교리), 감나무골(동량면 용교리), 능골(동량면 서운리), 밀목골(산척면 송강리), 참샘골(산척면 영덕리), 투수골(엄정면 가춘리), 득골(엄정면 가춘리), 산약골(엄정면 추평리), 배나무골(엄정면 추평리), 옹골(엄정면 추평리), 웃논리골(엄정면 괴동리), 안골(소태면 주치리), 회롱골(소태면 구룡리), 목골(소태면 복탄리), 터골(소태면 야동리), 후등골(소태면 동막리), 덕성골(소태면 중청리)

제천시

잣나무골(용두동), 마락골(용두동), 한의골(용두동), 안골(용두동), 강저골(화산2동), 무지골(화산2동), 당골(동현동), 기소골(금성면 활산리), 변이골(금성면 위림리), 줄병골(청풍면 장선리), 갑골(청풍면 진목리), 배미골(청풍면 신리), 가갑골(수산면 수산리), 닛골(수산면 내리), 한밭골(수산면 수리), 너리골(백운면 화당리), 도장골(백운면 도곡리), 큰골(백운면 도곡리), 안골(백운면 평동리), 바깥평장골(백운면 평동리), 아랫골(봉양면 학산리), 대골(봉양면 옥전리), 삼상골(봉양면 원박리), 다리골(봉양면 원박리), 다리골(봉양면 원박리), 송수골(봉양면 연박리), 점골(봉양면 오미리), 초장골(봉양면 송한리)

보은군

산직골(보은읍 장속리), 사례골(보은읍 봉평리), 어용골(보은읍 어암리), 뒷동골(마로면 오천리), 치락골(마로면 갈천리), 가는골(마로면 변둔리), 자바골(탄부면 매화리), 삼승골(탄부면 덕동리), 아낭골(회북면 건천리), 다락골

(회북면 이원리), 재궁골(산외면 산대리)

옥천군
삼골(동이면 낚곡리), 개골(청산면 지탄리), 안골(이원면 백지리), 능골(군
서면 상중리), 뱀골(군서면 사양리), 항골(군북면 항곡리), 보골(군북면 지오
리), 마작골(군북면 지오리), 갯골(군북면 자모리)

영동군
비선골(영동읍 동정리), 변독골(영동읍 매천리), 산막골(영동읍 주곡리), 절
골(용산면 법화리), 쑥골(황간면 용리), 다리골(상촌면 쌍암리), 원골(심천
면 구탄리), 샛골(심천면 초강리)

진천군
참샘골(진천읍 송두리), 방락골(진천읍 행정리), 남산골(진천읍 교성리), 밤
나무골(진천읍 문봉리), 남산골(진천읍 상계리), 입장골(진천읍 지암리), 가
래골(문백면 문덕리), 위미력골(문백면문덕리), 능골(문백면 사양리), 근어
골(이월면 내폰리), 당골(이월면 내폰리), 꽃샘골(이월면 신월리), 재양골(만
승면 광혜원리), 월골(만승면 월성리), 절터골(만승면 죽현리)

괴산군
불목골(괴산읍 신항리), 가장골(증평읍 중동리), 점터골(감물면 백양리), 거
문동골(감물면 매전리), 동골(장연면 동골), 절터골(장연면 오가리), 거시
내골(장연면 장암리), 덕바골(장연면 송덕리), 심기골(연풍면 행촌리), 못골
(칠성면 율지리), 수정바위골(칠성면 쌍곡리), 기골(청천면 지경리), 가락골
(청천면 이평리), 학골(청천면 이평리), 다못골(청천면 삼송리), 의상골(청천
면 삼송리), 객골(청안면 효근리), 대추골(청암면 운곡리), 샘골(청암면 운곡
리), 물탕골(사리면 방축리), 절골(소수면 소암리)

음성군

동막골(음성읍 사정리), 황새골(음성읍 사정리), 한태골(음성읍 동음리), 생탕골(금왕읍 무극리), 막골(소이면 후미리), 김장골(소이면 금고리), 안가마골(원남면 하호리), 벌가마골(원남면하호리), 바람골(원남면 주봉리), 김복골(원남면 운암리), 중맹골(맹동면 본성리), 서녘골(맹동면 쌍정리), 동녘골(맹동면 쌍전리), 절골(맹동면 쌍정리), 윗맹골(맹동면 두성리), 아래오류골(대소면 오류리), 안샘골(대소면 태생리), 텃골(대소면 미곡리), 갯골(대소면 미곡리), 난이골(생극면신양리), 이텃골(감곡면 상우리), 너른골(감곡면 사곡리), 윗골(감곡면 사곡리), 성골(감곡면 평리), 안다리골(감곡면 평리), 고니골(감곡면 월정리)

단양군

샘골(단양읍 금곡리, 영춘면 오사리), 덕상골(단양읍 덕상리), 가낙골(단양읍 노동리), 팥파골(단양읍 노동리), 문안골(단양읍 장현리), 백자골(단양읍 천동리), 당골(대강면 당돌리), 텃골(대강면 용부원리), 쇠골(대강면 용부원리), 등골(대강면 두음리), 안등골(대강면 두음리), 저서골(가곡면 가대리), 큰골(가곡면 덕천리), 지사골(가곡면 사평리), 푸세골(영춘면 용진리), 잣골(영춘면 백자리), 넓은골(어상천면 대전리), 마장골(어상천면 연곡리), 따박골(어상천면 임현리), 서당골(어상천면 임현리), 주정골(어상천면 방북리), 마장골(어상천면 심곡리), 집다락골(적성면 소야리), 텃골(적성면 기동리), 땅골(적성면 상리), 산텃골(단성면 가산리), 궁텃골(단성면 벌천리)

2.1.1.7. {내}

땅거죽의 물들이 모여 흐르는 물줄기를 '내'라고 한다.

충주시

모시내(단월동), 점내(산척면 명서리)

영동군
모지내(학산면 서산리)

진천군
미내(진천읍 원덕리)

괴산군
장내(증평읍 남차리), 안마그내(칠성면 두천리), 웃대방내(청천면 사담리),
중대방내(청천면 사담리)

음성군
한내(소이면 중동리)

단양군
검은내(단양읍 현천리), 텃내(단양읍 덧상리), 오목내(대강면 방곡리), 여우
내(가곡면 여천리)

2.1.1.8. {터}

어떤 사물이 있는, 또는 있던 자리나 곳을 나타낸다.

충주시
벌터(달천동), 갈터(앙성면 용대리), 하소나루터(가금면 장천리), 새터(가금
면 누암리, 소태면 오량리)

제천시
뒤터(교동), 새터(영천동), 화랑터(동현동), 산저터(청풍면 장선리)

보은군

관터(마로면 관기리), 동길터(마로면 평각리), 새터(탄부면 상장리)

옥천군

삐금터(안남면 방하목리), 새터(군서면 하동리), 분터(군서면 상중리)

진천군

구년터(문백면 문덕리), 배터(문백면 평산리)

괴산군

샛터(감물면 오성리, 칠성면 두천리, 청천면 삼락리, 청천면 후영리, 청천면 금평리, 청안면 장암리), 신원터(장연면 광진리), 안터(연풍면 원풍리, 칠성면 외사리), 가래터(칠성면 갈읍리, 장성면 도정리, 청천면 덕평리), 구장터(청천면 송면리), 장터(청천면 삼송리)

음성군

새터(음성읍 소여리, 금왕읍 정생리, 삼봉리, 소이면 후미리, 맹동면 두성리, 삼성면 덕정리, 감곡면 영산리), 예순터(금왕읍 육영리), 아랫행터(원남면 상당리), 매터(감곡면 월정리)

단양군

도담나루터(단양읍 도담리, 하괴리), 샛터(단양읍 금곡리, 단양읍 마조리, 가곡면 대대리, 영춘면 의풍리, 적성면 상리), 안터(가곡면 대대리), 장터(영춘면 별방리), 나루터(영춘면 용진리), 양지새터(영춘면 하리), 음지새터(영춘면 하리), 장터(영춘면 의풍리, 어상천면 임현리), 이터(영춘면 백자리), 나루터(단성면 하방리)

2.1.1.9. {우물}

물을 길어 쓰기 위하여 땅을 파서 물이 괴어 있게 한 것을 '우물'이라
고 한다.

충주시
한우물(목행동), 산우물(이류면 두정리)

2.1.1.10. {마을}

여러 사람이 한 데 모여 사는 곳을 '마을'이라고 한다. 음운 축약으로
'말'이라고도 한다.

충주시
도랫말(살미면 토계리), 양지말(이류면 완오리), 새마을(이류면 검단리), 음
지말(이류면 검단리), 아랫말(이류면 검단리, 이류면 매현리, 금가면 하남리),
중간말(이류면 장성리, 노은면 수용리), 귀룡말(신니면 문악리), 증말(노은면
가신리), 끝말(노은면 수용리), 골말(노은면 법리, 앙성면 영죽리), 점말(노은
면 문성리), 강정새마을(앙성면 강천리), 학교말(앙성면 강천리, 돈산리), 재
짓말(앙성면 영죽리), 건너말(앙성면 지당리), 웃말(앙성면 본평리), 벌말(앙
성면 용대리), 양지말(앙성면 용대리), 둥퉁말(앙성면 조천리), 새마을(앙성
면 영죽리, 금가면 원포리), 새말(금가면 하남리), 한말(금가면 월상리), 양지
말(금가면 사암리), 음지말(금가면 사암리), 웃말(금가면 원포리), 건너말(동
량면 대전리), 웃말(동량면 대전리, 산척면 영덕리), 음달말(동량면 대전리, 동
량면 서운리), 새마을(동량면 용교리), 공말(동량면 조동리), 중터말(산척면
영덕리), 중말(산척면 영덕리), 웃말(소태면 복탄리), 양지말(소태면 복탄리),
중퉁말(소태면 동막리), 음지말(소태면 중청리), 밤고개말(소태면 양촌리)

제천시

새마을(교동), 안마을(영천동), 홍천말(동현동), 샛터말(청풍면 도화리), 서당말(청풍면 단리), 웃말(수산면 다불리), 안말(수산면 괴곡리), 신촌말(덕산면 신현리), 양지말(덕산면 신현리), 음지말(덕산면 신현리, 월악리), 학교말(덕산면 선고리), 웃말(덕산면 선고리), 숲안말(덕산면 선고리), 양지말(덕산면 월악리, 백운면 화당리), 아랫말(덕산면 월악리), 덧말(한수면 서창리), 중말(백운면 원월리), 가시말(송학면 송한리)

보은군

새마을(보은읍 학림리, 보은읍 봉평리), 점말(내속리면 종관리), 새말(탄부면 사직리), 음지말(회남면 오동리), 경간말(내북면 적음리), 황새말(내북면 상궁리), 음지말(내북면 상궁리), 양지말(산외면 가고리)

옥천군

웃말(동이면 적하리), 음지말(안남면 종미리, 청산면 법화리), 안말(이원면 건전리), 아랫말(이원면 의평리), 양지말(이원면 개심리), 구억말(군서면 사정리)

영동군

점말(영동읍 산이리), 양지말(영동읍 봉현리, 심천면 명천리), 음지말(영동읍 봉현리, 심천면명천리), 중간말(용산면 법화리), 아랫말(용산면 법화리), 잿마을(매곡면 노천리), 새마을(상촌면대해리), 창말(양강면 용화리), 점말(심천면 각계리)

진천군

도라말(진천읍 행정리), 숫말(진천읍 백암리), 기와집말(만승면 죽현리)

괴산군

양지말(괴산읍제월리), 쇄갯말(장연면 오가리), 안말(연풍면 갈금리, 칠성면 두천리), 윗말(칠성면 갈읍리), 아랫말(칠성면 갈읍리), 골말(칠성면 율원리, 율지리), 중말(청천면 덕평리), 새말(청천면 청천리), 윗말(청천면 도원리), 증말(청안면 청룡리), 행남말(소수면 봉촌리), 지통말(불정면 웅동리)

음성군

본말(음성읍 사정리), 지검말(음성읍 용산리), 아랫밀(음성읍 소어리), 양달말(음성읍 초전리, 감곡면 오행리), 점말(음성읍 읍내리), 경짐말(금왕읍 정생리), 능말(금오아읍 육영리), 음달말(금왕읍 삼봉리, 삼성면 양덕리), 오랫말(소이면 비산리), 새마을(소이면 비산리), 산직말(소이면 대장리), 동녘말(소이면 후미리), 양지말(소이면 후미리), 중말(소이면 중동리), 탑골말(소이면 갑산리), 벌말(대소면 삼정리), 구억말(대소면 수태리), 웃말(삼성면 대야리), 윗말(삼성면 덕정리), 황샛말(삼성면 대성리), 건너말(생극면 차곡리), 중턱마을(생극면 신양리), 도랑말(생극면 오생리), 중간말(감곡면 문촌리), 음달말(감곡면 문촌리), 음달말(감곡면 오행리), 기와집말(감곡면 주천리), 잿말(감곡면 영산리), 벌말(감곡면 평리), 바깥말(감곡면 월정리), 윗말(감곡면 월정리)

단양군

텃말(단양읍 기촌리), 양지말(단양읍 기촌리, 어상천면 연곡리, 임현리), 중말(단양읍 마조리), 음지마을(대강면 용부원리), 용소마을(가곡면 보발리), 중마을(가곡면 덕천리), 웃말(어상천면 대전리), 음지말, 양지말(어상천면 율곡리), 윗마을, 아랫마을(어상천면 상원곡리, 적성면 애곡리), 양지말(적성면 대가리), 아랫마을(적성면 소야리)

2.1.1.11. {거리}

양옆으로 집들이 줄지어 있는 큰 길을 '거리'라고 말한다. '거래'는 '거리'에서 '/ㅣ/'가 '/ㅐ/'로 변이된 것이다.

충주시

뒷거리(금능동, 금가면 문산리), 삼거리(살미면 용천리), 석동거리(앙성면 강천리), 떼집거리(앙성면 돈산리), 숲거리(산척면 송강리), 우전거리(엄정면 미내리), 웃거래(엄정면 추평리)

제천시

삼거리(교동), 주막거리(영천동, 봉양면 봉양리, 봉양면 연박리, 송학면 포전리), 장터거리(덕산면 도전리), 새주막거리(배운면 도곡리), 세거리(봉양면 삼거리)

보은군

예배당거리(탄부면 매화리), 물방아거리(수한면 후평리)

옥천군

유문거리(청성면 화성리), 상북거리(군서면 상지리)

영동군

말거리(양강면 구강리)

진천군

세거리(문백면 도화리), 보뚝거리(이월면 송림리)

괴산군

삼거리(증평읍 율리)

음성군

주막거리(음성읍 소여리, 원남면 하당리, 생극면 생리), 거문거리(음성읍삼생리), 비선거리(소이면 비산리), 때지거리(대소면 부윤리)

단양군

삼거리(대강면 직치리), 저자거리(대강면 방곡리), 효자문거리(영춘면 만종리), 진고리(영춘면 동대리), 덕거리(어상천면 임현리), 삼거리(적성면 각시리)

2.1.1.12. {바위}

부피가 큰 돌을 '바위'라 한다. 특이한 바위, 또는 그 바위가 있는 마을 이름을 나타낸다.

충주시

염소바위(살미면 신당리), 윗담바위(이류면 검단리, 가금면 장동리), 할미바위(앙성면 조천리), 아랫담바위(가금면 장동리)

보은군

안자바위(내속리면 대목리), 막바위(탄부면 성지리), 점검바위(내북면 하궁리)

영동군

맞바위(양강면 쌍암리)

진천군

큰덤바위(진천읍 지암리), 작은덤바위(진천읍 지암리), 멧바위(문백면 사양리), 대바위(초평면 금곡리)

괴산군

벼락바위(칠성면 두천리), 굴바위(칠성면 사은리), 마당바위(청천면 운교리), 병풍바위(불정면 하문리)

단양군

곤지바위(매포읍 상시리), 옷바위(적성면 애곡리)

2.1.1.13. {마루}

'마루'는 길게 등성이가 진 지붕이나 산의 꼭대기를 뜻하는데,[5] 여기서는 후자에 해당된다.

충주시

바깥성마루(이류면 장성리), 안성마루(이류면 장성리)

제천시

원마루(송학면 시곡리)

영동군

당마루(추풍령면 추풍령리)

괴산군

쇠마루(증평읍 연탄리)

음성군

성마루(소이면 봉전리)

2 1.1.14. {들}

풀이나 나무가 있는 넓게 트인 평평한 땅이나, 논 또는 밭으로 되어 있

---

5 신라어에서의 '痲立干'의 '痲立'은 퉁구스어에 공통되는 /malu/(上席)이고(김 1980: 361), 중세어에서는 '용마루「樑」' 또는 '으뜸가는, 가장 중요한 것'의 뜻으로 사용되었다(성 1995 191).

는 땅을 '들'이라 한다.

충주시
당들(앙성면 본평리), 감자들(산척면 송강리)

제천시
뒷들(용두동)

보은군
듭푸들(수한면 동정리), 뒤뜰(수한면 후평리)

옥천군
마리들(군서면 하동리)

진천군
잔다리들(초평면 중석리), 덕문이들(초평면 중석리), 상림들(이월면 송림리), 성평들(이월면 동성리), 삼용들(이월면 삼용리)

괴산군
남창들(불정면 탑촌리), 달개들(불정면 목도리)

음성군
뒷들(금왕읍 본대리), 한들(소이면 대장리, 후미리), 상들(소이면 봉전리), 작배기들(소이면 갑산리), 오류들(대소면 오류리), 삼호들(대소면 오산리)

단양군
소뜰(대강면 두음리), 고리뜰(대강면 괴평리), 안뜰(대강면 장정리), 신기들

(어상천면 임현리)

2.1.1.15. {나루}

강이나 좁은 바닷목 같은 데에서 배가 건너다니는 곳을 통틀어 '나루'라고 한다.

충주시
섬개나루(앙성면 강천리)

영동군
청남나루(양강면 구강리)

단양군
용나루(영춘면 용진리)

2.1.1.16. {뫼}

'뫼'는 산(山)을 나타내는 우리말이며, '메/미'는 '뫼'에서 '/ㅚ/'가 '/ㅔ/', 또는 '/ㅣ/'로 음운변이된 것이다.

충주시
할미(앙성면 모점리), 연달미(금가면 월상리), 퇴미(엄정면 율릉리)

제천시
알미(동현동), 미기미(동현동), 윗살미(금성면 활산리), 아래살미(금성면 활산리), 웃오미(청풍면 오산리), 오미(봉양면 팔송리)

보은군
왕산미(보은읍 삼산리), 진미(탄부면 하장리)

옥천군
구미(청산면 명치리), 마실미(군서면 사양리)

진천군
새끼미(진천읍 신정리), 사미(문백면 사양리)

괴산군
흰두뫼(연풍면 분지리), 통살미(청안면 청룡리)

음성군
돌뫼(소이면 비산리), 가락구미(소이면 충도리), 두반메(원남면 주봉리), 한미(대소면 수태리), 마날미(생극면 관성리)

단양군
모드미(단양읍 마조리), 구미(적성면 장회리)

2.1.1.17. {여울}

강이나 바다에서 얕거나 좁아서 물살이 세게 흐르는 곳을 '여울'이라고 한다. '울'은 '여울'의 준말이다.

충주시
가랫여울(용탄동), 쇠저울(금능동), 창자울(신니면 모남리), 가래울(신니면 문악리), 솟대울(노은면 신효리), 고드물(가금면 장천리)

보은군

중개울(수한면 묘서리)

진천군

도려울(초평면 중석리), 모치울(만승면 금곡리)

괴산군

느티울(괴산읍 대덕리)

음성군

토계울(음성읍 평곡리)

단양군

가래여울(가곡면 향산리)

2.1.1.18. {실}

'실'은 골짜기를 나타내는 우리말이다.[6] '/ㄹ/'이 탈락되어 '시'로도 나타
난다.

충주시

달마실(가금면 장천리), 만호실(동량면 유송리), 웃미실(엄정면 미내리), 삼
실(엄정면 율릉리), 하시(금가면 파랑리)

제천시

날기실(금성면 양화리), 설매실(청풍면 신리), 불그실(수산면 수곡리), 움실

---

6   '실'은 삼국시대 이전부터 쓰였다(이돈주 1966: 145-146, 이기문 1991: 12-13). ("絲浦 今 谷浦也"(일연 삼국
    유사 권4))

(백운면 방학리), 국화실(봉양면 봉양리)

보은군
소지실(외속리면 구인리), 임실(마로면 임곡리), 띠실(탄부면 매화리), 개토
시(수한면 묘서리)

옥천군
안피실(안남면 연주리), 잠실(청성면 백운리), 윗예실(청성면 예곡리), 아랫
예실(청산면 예곡리), 지파실(군북면 지오리), 윗자모실(군북면 자오리)

영동군
어미실(영동읍 설계리)

괴산군
역실(불정면 세평리)

음성군
가느실(금왕읍 삼봉리), 장구실(소이면 후미리), 구밤까실(맹동면 마산리),
임이실(대소면 부윤리), 방죽가래실(삼성면 신정리), 품실(생극면 임곡리)

단양군
위괴실(매포읍 상괴리), 사오실(대강면 두음리), 면위실(가곡면 향상리), 느
릅실(영춘면 하리), 솔개실(영춘면 의풍리), 모실(어상천면 연곡리), 그루실
(어상천면 덕문곡리), 꼴두실(어상천면 방북리)

2.1.1.19. {다리}

'다리'는 물이나 일정한 공간의 위로 건너다닐 수 있도록 만든 시설물

을 말한다. '더리'는 '다리'에서 'ㅏ'가 'ㅓ'로 변이된 것이다.

충주시
신다리(신니면 신청리)

제천시
널더리(송학면 입석리)

옥천군
잔다리(안남면 지수리), 방아다리(안남면 방하목리)

2.1.1.20. {개}

'개'는 '개울'의 준말로 시내보다 작은 물줄기를 뜻한다.

충주시
가늑개(앙성면 본평리), 북개(금가면 원포리)

제천시
신당개(용두동), 법개(금성면 월굴리)

보은군
웃개(수한면 발산리)

진천군
사랑개(진천읍 벽암리), 홍개(덕산면 신척리), 소개(만승면 죽현리)

음성군

아랫다락개(생극면 오생리)

2.1.1.21. {등}

'등'은 '등성이'의 준말로 산이나 언덕, 파도 등의 두두룩하게 높은 곳을 말한다.

충주시

진밭등(가금면 하구암리)

괴산군

고사리밭등(연풍면 분지리)

단양군

눈등(대강면 방곡리), 봉우등(가곡면 사평리)

2.1.1.22. {묵}

일정한 길에서 다른 곳으로 빠져나갈 수 없는 좁은 곳을 '목'이라고 한다. '묵'은 '목'에서 '/ㅗ/'가 '/ㅜ/'로 변이된 것이다.

제천시

부처목(봉양면 명도리), 다리목(봉양면 연박리)

보은군

소리목(내속리면 북암리, 사내리), 대목(외속리면 구인리)

진천군
부창목(초평면 용정리)

옥천군
방하목(안남면 방하목리), 작은사묵(군서면 금산리)

괴산군
양산목(감물면 매전리), 늘목(청천면 후평리)

단양군
여울목(가곡면 사평리), 대진목(영춘면 백자리)

2.1.1.23. {벌}

'벌'은 넓은 들판을 나타내는 우리말이다.

충주시
광벌(신니면 광월리), 와갑벌(앙성면 본평리)

제천시
역주벌(백운면 화당리)

음성군
광벌(음성읍 용산리), 점말(음성읍 신천리)

2.1.1.24. {섬}

바다, 강, 호수 같은 것의 가운데에 있는, 네 면이 물로 둘러싸인 땅을
'섬'이라고 한다.

충주시

용섬(칠금동, 금가면 유송리), 비내섬(앙성면 조천리), 여우섬(가금면 장천리), 조개섬(금가면 월상리)

2.1.1.25. {밭}

물을 대지 않거나 필요할 때에만 물을 대고 농사짓는 땅을 '밭'이라 한다.

영동군

달밭(용화면 월전리)

단양군

버들밭(대강면 용부원리)

2.1.1.26. {머리}

짐승의 목의 위에 해당되는 부분, 또는 일부 사물의 꼭대기, 앞, 뒤가 있는 일부 물체의 앞부분을 '머리'라고 한다.

영동군

안수머리(양산면 수두리)

진천군

장머리(문백면 구곡리), 누에머리(이월면 사당리)

음성군

용머리(맹동면 용촌리)

2.1.1.27. {절}

불교에서 승들이 부처를 모시고 종교의식을 치르면서 지내는 곳을 '절'이라 하는데, 여기서는 그런 절이 있는 곳이나 있었던 곳을 나타낸다.

제천시
가산절(청풍면 장선리)

음성군
갈매절(소이면 중동리)

2.1.1.28. {별}

'별'은 '星'을 나타내는 말로 이와 관계된 지명을 나타낸다.

옥천군
세별(이원면 수목리)

음성군
댁별(소이면 봉전리)

2.1.1.29. {동네}

작게 갈라지거나 나누어진, 사람들이 모여 사는 마을을 '동네'라 한다.

진천군
달동네(진천읍 교성리), 새동네(이월면 노원리, 만승면 죽현리)

음성군
새동네(음성읍 신천리)

2.1.1.30. {배}

사람이나 짐을 싣고 강이나 호수, 바다를 다니기 위하여 물에 뜨게 만든 것을 '배'라 하는데, 여기서는 배처럼 생겼거나 배와 관계된 유래가 있는 곳을 나타낸다.

옥천군
상종배(안남면 종미리)

음성군
섭배(감곡면 원당리)

2.1.1.31. {물}

'물'과 관계된 곳을 나타낸다.

진천군
바깥소물(만승면 금곡리), 안소물(만승면 금곡리)

음성군
도둣물(금왕읍 신평리)

2.1.2. 방향, 위치를 나타내는 것

방향이나 위치와 관계된 명사를 이용하여 지명을 나타내는 것에는 다음과 같은 것들이 있다.

2.1.2.1 {알}

'알'은 '아래'의 준말이다.

충주시
구래알(금가면 문산리)

단양군
숲알(영춘면 동대리)

2.1.2.2. {밖}

무엇에 의하여 둘러싸이지 않은 공간, 또는 그쪽을 '밖'이라고 한다.

제천시
동구밖(봉양면 구학리)

단양군
숲밖(적석면 파랑리)

2.1.2.3. {밑}

일정한 공간을 차지한 사물의 아래, 또는 아래쪽, 사물의 안이나 속의 아랫부분이나 아래쪽, 사물의 바닥을 이루는 부분을 '밑'이라고 한다.

충주시
지개밑(앙성면 마연리)

영동군
공원밑(영동읍 매천리)

2.1.2.4. {뒤}

무엇이 향하고 있는 방향과 반대되는 방향이나 곳, 또는 등이 향한 곳을 '뒤'라고 한다.

제천시
윗산뒤(송학면 송한리), 산뒤(송학면 송한리)

보은군
벽뒤(탄부면 벽지리)

2.1.2.5. {안}

어떤 공간이나 물체의 일정한 둘레나 경계선에서 가운데로 향한 쪽이나 부분을 '안'이라고 한다.

충주시
바우안(이류면 검단리), 못안(산척면 영덕리)

제천시
탑안(교동), 골안(송학면 입석리)

보은군
장안(외속리면 장내리), 개안(외속리면 하개리)

진천군
방죽안(덕산면 합목리), 담안(만승면 월성리)

괴산군
정안(증평읍 초중리)

음성군
정자안(소이면 갑산리), 능안(생극면 방추리)

단양군
못안(어상천면 연곡리), 창밖안(어상천면 율곡리), 바깥산안(단성면 벌천리)

2.1.3. 기타

예가 하나뿐인 것을 모아서 열거해 보면 다음과 같다.

2.1.3.1. {한}

보은군
임한(탄부면 임한리)

2.1.3.2. {을귀}[7]

옥천군
산을귀(동이면 석탄리)

2.1.3.3. {미륵}

괴산군
미륵(불정면 지장리)

---

7 '을귀'는 '어귀' 즉, '드나드는 목의 첫머리'를 나타내는 곳을 뜻한다.

2.1.3.4. {늪}

옥천군

으늪(이원면 백지리)

2.1.3.5. {불}

보은군

장자불(외속리면 오창리)

2.1.3.6. {돌}

보은군

안돌(외속리면 서원리)

2.1.3.7. {자리}

음성군

황새자리(맹동면 용촌리)

2.1.3.8. {길}

충주시

뱀길(노은면 수용리)

2.1.3.9. {갖}[8]

제천시

숯갖(덕산면 수산리)

---

8 '갖'은 '가마'의 방언형이다.

2.1.3.10. {가}

제천시

한길가(수산면 오치리)

2.1.3.11. {솔}[9]

음성군

암솔(원남면 삼용리)

2.1.3.12. {굴}

진천군

장수굴(이월면 사곡리)

2.1.3.13. {샘}

보은군

그름샘(탄부면 사직리)

2.1.3.14. {디}[10]

진천군

만디(만승면 죽현리)

2.1.3.15. {논}

보은군

돈논(탄부면 평각리)

---

9 '솔'은 소나무를 뜻한다.
10 '디'는 '되(升)'의 방언형이다.

2.2. 어간, 접사

동사류의 어간이나 접사가 선행 요소에 붙어 지명을 나타내는 경우가 있다.

2.2.1 어간

어간이 후행 요소가 되는 경우는 드물다. 여기서는 '일-' 하나만 쓰인다.

2.2.1.1. {일}

'일'은 동사 '일다'의 어간이다.

옥천군
화일(군북면 용호리)

2.2.1.2. {돈}

'돈'은 돈(錢)으로 표기하기도 하나, 필자는 동사 '돌-'의 어간과 관형사형 접미사 '-ㄴ'이 결합된 것으로 본다.

음성군
아랫볕돈(소이면 충도리), 윗볕돈(소이면 충도리), 토돈(감곡면 주천리), 상돈(맹동면 신돈리), 하돈(맹동면 신돈리)

2.2.2. 접사

접사는 보통 접미사로 나타난다.

2.2.2.1. {음}

'(으)ㅁ'은 명사형 접미사다.

음성군
냇걸음(삼성면 신정리)

2.2.2.2. {어}

'아/어'는 동사류의 연결형 접미사이나, 여기서는 명사를 만든다.

충주시
등너머(엄정면 용산리)

제천시
막너머(봉양면 팔송리)

영동군
넘마(심천면 기호리)

2.2.2.3. {에}

'에'는 이른바 조사다.

옥천군
모시래(이원면 원동리), 안만드레(청성면 만월리)

괴산군
저드래(괴산읍 제월리)

2.2.2.4. {애기}

'애기'는 명사형 접미사다.

충주시
버드래기(금가면 사암리)

2.2.2.5. {배기}

『배기』는 명사형 접미사다.

충주시
장성배기(살미면 세성리), 참샘배기(이류면 만성리), 속다배기(가금면 장천리)

영동군
장승배기(양산면 원당리)

음성군
솟대배기(금왕읍 구계리), 솟대배이(원남면 인곡리), 참나무백이(대소면 소석리)

단양군
수통배기(영춘면 백자리)

2.2.2.6. {이}

'이'는 명사형 접미사로 아주 생산적인 역할을 한다.

충주시

꾸리미(직동), 구르미(직동), 미륵이(목행동), 귓댕이(살미면 문강리), 윤갈문이(살미면 세성리), 원통이(상모면 수회리), 남악이(신니면 모남리), 동락이(신니면 문악리), 먹뱅이(앙성면 지당리), 새바지(앙성면 능암리), 시그니(가금면 봉황리), 쇠꼬지(가금면 장동리), 아래구라이(금가면 도촌리), 박드리(금가면 사암리), 무너미(금가면 사암리), 갈마쟁이(산척면 영덕리), 아래갈매기(엄정면논강리), 장보고니(엄정면 미내리), 아래걸피기(가금면 하구암리)

제천시

세월이(용두동), 소굴이(청전동), 정기랭이(교동), 자재기(금성면 활산리), 갈라무젱이(한수면덕곡리), 옹뎅이(봉양면 미당리)

보은군

달안이(보은읍 중곡리), 늙은이(내속리면 하판리), 북두문이(외속리면 서원리), 새비랭이(외속리면 봉비리), 멋둔이(마로면 변둔리), 산물이(탄부면 매화리), 댕이(탄부면 대양리), 도랑이(회북면 이원리), 아시뱅이(산외면 아시리)

옥천군

섯바탱이(옥천읍 교동리)

영동군

윗용산이(용산면 용산리), 도란이(황간면 난곡리), 거부넘이(추풍령면 신안리), 아래어둔이(매곡면 어촌리), 윗어둔이(매곡면 어촌리), 솟다백이(양강면 지촌리)

진천군

돌팍이(진천읍 사석리), 여당이(백곡면 성대리), 덕문이(초평면 중석리), 안덕문이(초평면 중석리), 흐내기(문백면 계산리), 두둘기(이월면 내촌리)

괴산군

윗붉은덕이(감물면 이담리), 윗맹이(감물면 매전리), 번징이(칠성면 두천리), 산맥이(칠성면 사은리), 맨백이(청천면 지촌리), 새빙이(청천면 운교리), 곰님이(청천면 운교리), 서른이(청천면후영리), 한솔이(청안면 장암리), 네보름이(불정면 추산리), 삼성댕이(불정면 지장리)

음성군

신당이(음성읍 삼생리), 돌명이(음성읍 평곡리), 기렁이(금왕읍 육영리), 광정이(금왕읍 삼봉리), 장산막이(소이면 대장리), 도래원충이(소이면 충도리), 웃마실안이(대소면 부윤리), 돌마래미(감곡면 상우리)

단양군

바깥양뱅이(단양읍 고수리), 웃양뱅이(단양읍 기촌리), 안양뱅이(단양읍 기촌리), 광파이(단양읍 덕상리), 미륵이(단양읍 수촌리), 버더기(매포읍 우덕리), 장쟁이(매포읍 하괴리), 참나무젱이(어상천면 대전리), 돌마래미(어상천면 방북리)

2.2.2.7. {은}

'(으)ㄴ'은 관형형 접미사다.

제천시

배론(봉양면 구학리), 삽둔(송학면 장곡리)

단양군

어은(영춘면 의풍리)

3. 맺는 말

이 글에서는 충청북도 지명 중에서 행정 단위 이하의 지명– 마을, 산, 강, 고개, 내, 들, 논, 밭–에서 후반부가 고유어로 된 자료를 분석하고, 그 분포를 살펴보았다. 그 결과 이 지역 행정 단위 이하의 지명에는 순수한 우리말이 많이 쓰이고 있음을 알 수 있다. 지명의 후반부에 쓰이는 우리말은 일반명사와 어간·접미사로 대별할 수 있으며, 일반 명사는 '일반 사물을 이용하는 것, 방향·위치를 나타내는 것'으로 나눌 수 있다. 각 시·군 별로 나타나는 그 양상을 표로 그리면 다음과 같다.

지명	행정구역	충주시	제천시	보은군	옥천군	영동군	진천군	괴산군	음성군	단양군
일반명사	치	+	+	+	+	+		+	+	+
	티		+					+	+	+
	재	+	+	+	+	+	+	+	+	+
	고개	+	+	+	+		+	+	+	+
	모룽이	+							+	
	골	+	+	+	+	+	+	+	+	+
	내	+				+	+	+	+	+
	터	+	+	+	+		+	+		+
	우물	+								
	마을	+	+	+	+	+	+	+	+	+
	거리	+	+	+	+	+	+	+	+	+
	바위	+		+		+	+	+		+
	마루	+	+	+	+		+	+	+	+

지명 \ 행정구역		충주시	제천시	보은군	옥천군	영동군	진천군	괴산군	음성군	단양군
어간·어미	나루	+				+				+
	뫼	+	+	+	+		+	+	+	+
	울	+		+			+	+	+	+
	실	+	+	+	+	+		+	+	+
	다리	+	+		+					
	개	+	+	+			+		+	
	등	+						+		ㅣ
	목		+	+						
	머리					+	+		+	
	절		+						+	
	별				+				+	
	동네						+		+	
	배				+				+	
	물						+			
	알	+								+
	밖		+							+
	밑	+				+				
	뒤		+	+						
	안	+	+	+			+	+	+	+
	한			+						
	을귀				+					
	미륵							+		
	늪				+					
	불			+						
	돌			+						
	자리								+	
	길	+								
	갖		+							
	가		+							
	솔								+	
	샘			+						
	디						+			
	논			+						
	일				+					
	돈								+	
	음								+	
	아	+	+			+				
	에				+			+		
	애기	+								
	배기	+				+			+	+
	이	+	+	+	+	+	+	+	+	+
	은		+							+

충청북도 지명의
후반부 한자어 연구

의미와 분포를 중심으로

1. 머리말

이 글은 국어학, 방언학의 관점에서 지명의 중요성을 인식하고, 충청북도 지명이 후반부[1]가 한자어로 명명된 자료를 대상으로 그 뜻과 분포를 밝히려는 데 목적을 둔다.

충청북도는 한반도의 중앙에 위치하고 있으며, 동쪽으로는 경상북도, 서쪽으로는 경기도와 충청남도, 북쪽으로는 강원도, 남쪽으로는 전라북도와 접하고 있다. 그러므로 다른 도와 인접한 지역에서는 그 방언과 혼합되어 각기 다른 양상을 나타내고 있다. 또한 역사적으로도 삼한 정립 시대에는 마한에 속하였고, 삼국시대에는 중부지역은 백제, 북부는 고구려, 남부는 신라가 차지하여 역시 삼국의 언어가 혼합되어 쓰였을 것임을 짐작할 수 있다. 이와 같은 특성은 지명에도 잘 반영되어 있으리라고 본다. 이 글에서는 충북의 시·군에서 청주시와 청원군은 이미 필자(1995)가 지명에 관하여 고찰한 바가 있으므로, 이를 제외한 나머지 부분-충주시, 제천시, 보은군, 옥천군, 진천군, 영동군, 괴산군, 음성군, 단양군-의 후반부가 한자어로 된 것을 중심으로 다루기로 한다.

주지하다시피 지명은 그 대상지의 자연, 풍습, 인물, 전설, 기타의 특색을 잘 나타내고 있으며, 특히 후반부는 여러 번의 지명 변경에도 불구하고 원래의 고유어를 잘 보존하고 있다고 본다.[2] 그러나 한자어로 된 것도 많다.

---

1 지명은 명명의 동기와 관련되어 있는 전반부와 일반적인 땅의 종류를 나타내는 후반부로 이루어져 있다. 충북 지명에서 전자를 대상으로 연구한 논문으로는 전철동(1989), 김순영(1994) 참조.

2 우리나라의 지명은 원래는 알타이어에 속하는 순수한 우리말로 되어 있었으나, 4세기경에 한자가 들어온 후 신라 35대 경덕왕 16년에 한자어로 바꾸었다는 기록이 있고("冬十二月改沙伐州爲尙州 領州 一 郡十 縣三十.....", 김부식, 三國史記 권9, 경덕왕 16조) 그 뒤에도 몇 번 변동이 있었다. 그러나 행정 단위 이하에까지 명칭 변경의 조치가 있었다고는 생각하지 않는다.

지명 중에서 행정단위('리' 단위)까지는 후반부를 국가에서 지정한 명칭을 사용하고 있으나, 그 아래의 단위-마을, 산, 들, 강, 개천, 고개, 논, 밭, 나루 등-를 나타내는 경우에도 그런 예들이 많다. 이 글은 충청북도 지명 중에서 그러한 행정 단위 이하의 지명을 중심으로 하여 고찰하여 보고자 한다. 물론 행정 단위 이하의 지명도 고유어와 한자어로 된 것으로 대별할 수 있으나, 이 글에서는 한자어로 된 것만을 대상으로 한다. 자료는 필자가 채집한 것을 주로 하고, 충청북도(1995)에서 조사, 작성한 '地名審議資料'를 참고로 했음을 밝혀 둔다.

2. 지명에 쓰인 후반부 한자어의 의미와 분포

지명은 땅의 종류를 나타내는 후반부와 성격을 나타내는 전반부로 구성되어 있다. 후반부에 쓰이는 말은 고유어로 된 것과 한자어로 된 것으로 나눌 수 있다. 이 글에서는 후자만을 다루기로 한다. 후반부가 한자어로 된 것도 원래는 고유어였을 것이나, 한자어가 세력을 가지게 되면서 한자어로 대치가 되었을 것으로 사료된다. 한자어는 명사로 나타나는 것과 동사류의 어간으로 나타나는 것으로 대별된다.

2.1. 일반명사

일반명사에는 사물을 이용하여 지명을 나타내는 것과 방향·위치를 나타내는 것으로 나눌 수 있다.

2.1.1. 일반 사물을 나타내는 것

2.1.1.1. {대(臺)}

'대(臺)'는 높은 지대를 이용하거나, 인공적으로 지대를 돋구어, 그 위에 누정(樓亭)을 짓기도 한 것을 말한다.

충주시
탑대(직동), 탄금대(칠금동), 금대(칠금동), 하신대(노은면 신효리), 신대(앙성면 용대리, 금가면 문산리), 봉황대(앙성면 능암리), 내기대(금가면 하남리), 배대(엄정면 율릉리)

제천시
중신대(덕산면 신현리), 하신대(덕산면 신현리), 둔장대(백운면 도곡리)

보은군
짓대(마로면 기대리)

영동군
물여대(매곡면 강진리)

진천군
신대(진천읍 성석리), 장대(백곡면 사성리)

단양군
사선대(대강면 사인암리), 노가대(적성면 하리)

2.1.1.2. {대(垈)}

'대'는 어떤 건물의 터를 말한다.

음성군
방우대(맹동면 용촌리)

단양군
내대(가곡면 가대리)

2.1.1.3. {암(岩)}

'암(岩)'은 큰 돌, 바위를 나타낸다.

충주시
원호암(호암동), 문암(노은면 문성리), 명암(산척면 명서리)

영동군
쌍암(양강면 쌍암리), 대암(양강면 남전리)

괴산군
금암(청안면 금신리), 바깥장암(청암면 운곡리), 안장암(장암면 운곡리), 덕암(도안면 광덕리)

단양군
새남「사인암」(대강면 사인암리), 윗놀암(영춘면 유암리), 석동암(적성면 기동리), 상선암(단성면 가산리)

2.1.1.4. {담(潭)}

'담(潭)'은 작은 연못을 말한다.

충주시

두담(용관동), 중담(노은면 대덕리), 돈담(앙성면 돈산리), 속담(동량면 용교리), 신담(산척면 영덕리)

제천시

중담(용두동), 양지담(용두동), 본담(용두동), 아랫담(용두동), 비깥담(용두동), 신담(청전동), 구역담(화산2동), 벌담(송학면 도화리)

괴산군

샛집담(괴산읍 대덕리, 연풍면 분지리)

단양군

윗담(매포읍 금산리), 중담(매포읍 금산리, 상괴리), 용담(영춘면 의풍리), 중담(적성면 소야리)

2.1.1.5. {곡(谷)}

'곡(谷)'은 골짜기를 나타낸다.

충주시

금곡(연수동), 원화곡(주덕면 화곡리), 상원곡(노은면 대덕리), 하원곡(노은면 대덕리), 화곡(노은면 문성리), 중방곡(앙성면 중전리), 암곡(앙성면 능암리), 묘곡(가금면 하구암리), 기곡(금가면 도촌리), 문곡(금가면 문산리), 백곡(산척면 영덕리)

제천시

실리곡(청풍면 이곡리), 산곡(덕산면 신현리), 하구곡(봉양면 구곡리)

옥천군

도곡(청성면 능월리), 외도곡(청성면 도장리)

영동군

주곡(영동읍 주곡리), 당곡(영동읍 당곡리), 검곡(추풍령면 신안리)

2.1.1.6. {산(山)}

평지보다 상당히 높게 솟아 있는 땅의 부분을 '산(山)'이라고 한다.

충주시

대문산(칠금동), 계명산(용탄동), 시암산(상모면 미륵리), 자주봉산(주덕면 덕련리), 평풍산(주덕면 화곡리, 노은면 수용리, 가금면 하구암리), 화계산(신니면 문악리), 매방채산(신니면화석리), 부용산(신니면 광원리), 가엽산(신니면 화안리), 보련산(노은면 연하리), 을궁산(노은면 수용리), 안산(노은면 안락리), 매방채산(노은면 문성리), 자주봉산(노은면 문성리), 마골산(앙성면 중전리), 새바지산(앙성면 조천리), 양지말산(앙성면 조천리), 을관산(가금면 봉황리), 장모산(가금면 하구암리), 용천산(동량면 대전리), 주봉산(동량면 손동리), 오청산(산척면송강리), 용천산(산척면 영덕리), 대덕산(산척면 명서리), 부산(산척면 명서리), 빌미산(엄정면원곡리), 태고산(엄정면 율릉리)

제천시

안모산(청전동), 바깥모산(청전동), 안산(화산2동), 마미산(청풍면 장선리), 후산(청풍면 후산리), 다랑산(덕산면 신현리), 백운산(백운면 운학리), 오청산(백운면 원월리), 천둥산(백운면 원월리), 시랑산(백운면 모정리), 골미산(송학면 입석리), 솔미산(송학면 장곡리)

보은군
강산(보은읍 강산리), 구병산(내속리면 구병리), 구방산(외속리면 서원리), 삼승산(마로면 오천리), 노성산(수한면 차정리)

옥천군
철봉산(동이면 적하리), 거병산(안남면 빙하목리), 삼승산(청성면 만월리), 팔음산(청산면 명치리), 천관산(청산면 한곡리), 장영산(이원면 장찬리), 대성산(이원면 의평리)

영동군
지장산(추풍령면 사부리), 너름산(추풍령면 계룡리), 화산(추풍령면 유전리), 여시골산(매곡면 어촌리), 삼봉산(상촌면 고자리), 천만산(상촌면 고자리), 환산(양강면 묘동리), 칠봉산(학산면 봉소리), 마니산(양산면 누교리), 동골산(양산면 호탄리), 봉화산(양산면 수두리)

진천군
문안산(진천읍 사석리), 칼산(이월면 중산리), 양산(문백면 구곡리), 무제산(백곡면 성대리), 장국산(백곡면 구수리)

괴산군
주월산(감물면 구월리, 감물면 방곡리), 군자산(칠성면 쌍곡리), 흠백산(청천면 거봉리), 조항산(청천면 삼송리), 청화산(청천면 삼송리), 설운산(청안면 부흥리), 니성산(청안면 노암리), 내황산(사리면 수암리), 보광산(소수면 소암리), 서수산(불정면 추산리)

음성군
보현산(음성읍 감우리), 멸그바위산(음성읍 구계리, 생극면 관성리), 우등산(금왕읍 내곡리), 칠성산(금왕읍 정생리), 금봉산(소이면 갑산리), 사향산

(원남면 덕정리), 방아골산(삼성면 양덕리), 죽절골앞산(삼성면 양덕리), 다홍산(삼성면 덕정리), 마봉산(삼성면 덕정리), 안산(삼성면 용성리), 임오산(생극면 임곡리), 외밑산(생극면 송곡리), 수리산(생극면 차곡리), 용바위산(생극면 도신리), 수리산(감곡면 월정리)

단양군
향산(가곡면 향산리), 소백산(가곡면 어의곡리), 마당재산(적석면 상원곡리), 금수산(적석면 하원곡리), 용두산(단성면 벌천리), 안산산(단성면 벌천리)

2.1.1.7. {천(川)}

'천(川)'은 내를 의미한다.

충주시
원달천(달천동), 반천(가금면 장천리), 사천(동량면 대전리)

음성군
사천(삼성면 덕정리)

단양군
상덕천(가곡면 덕천리)

2.1.1.8. {촌(村)}

'촌(村)'은 마을을 나타낸다.

충주시
양촌(용탄동), 평촌(살미면 공이리), 능촌(주덕면 삼천리), 윗양촌(앙성면 영죽리), 신촌(앙성면 능암리), 상촌(엄정면 율룡리), 야촌(소태면 주치리)

제천시
신촌(덕산면 신현리), 음촌(덕산면 신현리), 독가촌(백운면 운학리), 새마을
촌(백운면 평동리), 매촌(백운면 평촌리), 산판촌(백운면 모정리), 난민촌(봉
양면 명도리), 중촌(봉양면 송한리), 교촌(봉양면 송한리)

보은군
도촌(보은읍 장속리), 새마을촌(마로면 관기리), 광산촌(마로면 소여리)

옥천군
외촌(동이면 우산리), 내촌(동이면 우산리), 신촌(안내면 도장리), 회촌(이원
면 지탄리), 음촌(군서면 월전리), 환촌(군서면 오동리)

영동군
구촌(용산면 구천리), 신촌(양강면 남전리)

진천군
신촌(덕산면 합목리), 상촌(이월면 신월리)

괴산군
와촌(괴산읍 사창리), 박촌(장연면 오가리), 신촌(문광면 광덕리, 청천면 금
평리), 외촌(문광면 광덕리), 상촌(문광면 흑석리)

음성군
석교촌(금왕읍 호산리), 상촌(소이면 중동리), 관촌(원남면 보룡리), 신촌(대
소면 태생리)

2.1.1.9. {동(洞)}

'동(洞)'은 마을을 나타낸다.

충주시

도화동(살미면 세성리), 사시동(상모면 안보리), 뫼약동(상모면 시문리), 유동(주덕면 당우리), 창동(주덕면 창전리), 상주동(노은면 가신리), 하주동(노은면 가신리), 연하동(노은면 연하리), 내동(앙성면 본평리), 장미신동(가금면 장천리), 잣고개동(가금면 하구암리), 축동(금가면 하남리), 웃광동(산척면 영덕리), 유동(엄정면 유봉리), 중동(엄정면 유봉리), 추동(엄정면 유봉리), 죽동(엄정면 신만리), 세포동(소태면 덕은리)

제천시

본동(영천동, 봉양면 옥전리, 봉양면 팔송리, 봉양면 명도리), 영천동(영천동), 자작동(금성면 활산리), 내동(수산면 내리)

보은군

두지동(보은읍 지산리), 모동(마로면 원정리), 덕동(탄부면 덕동리)

옥천군

현동(동이면 석탄리), 산서동(동이면 우산리), 엽성동(안남면 화학리)

영동군

조심동(영동읍 매천리), 명륜동(황간면 서송원리), 학동(추풍령면 관리), 가경동(상촌면 궁촌리), 교동(상촌명 쌍암리), 방화동(양강면 괴목리), 신방동(양강면 산막리), 비석동(학산면 황산리)

진천군
대명동(백곡면 성대리), 사동(이월면 내촌리), 온수동(만승면 죽현리)

괴산군
웅점동(감물면 추점리), 거문동(장연면 오가리), 후동(연풍면 적석리), 신동
(칠성면 율원리), 중동(청천면 도원리), 아래선유동(청천면 삼송리), 목사동
(청천면 효근리), 탑동(청안면 문방리), 저동(소수면 옥현리), 불동(소수면
아성리)

음성군
이화동(삼성면 대정리), 홍태동(삼성면 신정리), 북각동(생극면 오생리), 정
동(감곡면 상우리), 무수동(감곡면 월정리)

단양군
노동(단양읍 노동리), 본동(매포읍 우덕리, 가곡면 보발리), 절골(대강면 장
정리), 대수동(대강면 올산리), 구만동(가곡면 대대리), 최가동(영춘면 백자
리), 석교본동(어상천면 석교리), 황학동(어상천면 대전리), 고시동(어상천면
임현리), 본동(적석면 파랑리, 적성면 각기리), 진동(적성면 상리), 가마동(적
성면 하리)

2.1.1.10. {당(堂)}

'당(堂)'은 당집이나 계절에 관계없이 쓸 수 있게 지은 정원 건축물이
나, 많은 사람들이 쓸 수 있게 지은 집이라는 뜻을 가진다.

충주시
세집당(산척면 영덕리)

제천시
성황당(영천동)

옥천군
여당(이원면 용방리)

영동군
사직당(용산면 신촌리)

진천군
사당(문백면 봉죽리)

괴산군
안공당(괴산읍 대덕리), 내성당(증평읍 대동리)

2.1.1.11. {현(峴)}

'현(峴)'은 고개를 나타낸다.

충주시
토현(상모면 미륵리), 하남현(노은면 연하리), 월현(산척면 영덕리), 용현(엄
정면 용산리)

제천시
하학현(청풍면 학현리), 재현(백운면 원월리), 이현(송학면 입석리)

영동군
갈현(추풍령면 죽전리), 삼현(양강면 죽촌리)

괴산군

금현(증평읍 연탄리), 사현(불정면 외평리)

단양군

장현(단양읍 장현리), 안안동(매포읍 안동리), 바깥안동(매포읍 안농리)

2.1.1.12. {봉(峰)}

'봉(峰)'은 산봉우리를 나타낸다.

충주시

부봉(상모면 미륵리), 무쇠봉(노은면 수용리, 앙성면 능암리, 가금면 봉황리), 국사봉(앙성면 조천리), 두알봉(동량면 조동리), 도봉(산척면 영덕리), 갈미봉(엄정면 원곡리), 중봉(엄정면 유봉리), 제내편봉(엄정면 목계리), 응봉(소태면 덕은리), 꾀꼬리봉(소태면 야동리), 제내편봉(소태면 양촌리)

제천시

독순봉(교동), 관봉(덕산면 월악리), 십자봉(백운면 덕동리), 옥녀봉(백운면 화당리), 시루봉(백운면 화당리), 국사봉(봉양면 구곡리)

보은군

수장봉(내속리면 사내리), 국사봉(회남면 법수리)

옥천군

용봉(옥천읍 양수리), 도덕봉(옥천읍 가풍리, 이원면 건전리), 국사봉(청성면 양저리), 만덕봉(군서면 사양리), 꽃봉(군북면 대정리), 끼꼬리봉(군북면 대정리)

영동군
장군봉(추풍령면 옥전리), 송이봉(심천면 구탄리)

진천군
덕주봉(백곡면 성대리)

괴산군
마역봉(연풍면 원풍리), 조봉(연풍면 분지리), 옥문봉(칠성면 사은리), 장자
봉(문광면 유평리)

음성군
마날봉(금왕읍 호산리), 두리봉(금왕읍 구계리), 고봉(금왕읍 각회리), 도고
리봉(삼성면 대사리), 매재봉(생극면 임곡리), 장자봉(생극면 병암리)

단양군
제일연화봉(단양읍 천동리), 제이연화봉(대강면 용부원리), 모적봉(대강면
사동리), 신선봉(가곡면 어의곡리), 비로봉(가곡면 어의곡리), 감투봉(영춘
면 유암리), 수리봉(영춘면 동대리), 초로봉(어상천면 대전리)

2.1.1.13. {소(沼)}

땅바닥이 움푹 파이고, 물이 깊게 괸 곳을 '소(沼)'라고 한다. '수'는 '소'
에서 '/ㅗ/'가 '/ㅜ/'로 변이된 것이다.

충주시
웃파소(이류면 두정리), 아래파소(이류면 두정리), 두모소(엄정면 율릉리)

괴산군
정자소(칠성면 쌍곡리)

단양군
작은용수(가곡면 보발리), 애기소(가곡면 가대리), 도리소(가곡면 가내리)

2.1.1.14. {막(幕)}

'막(幕)'은 농작물을 지키기 위하거나 무엇을 넣어 둔다거나, 만들기 위해서 지은, 작은 건축물을 뜻한다.

충주시
동막(주덕면 화곡리)

제천시
동막(송학면 도화리)

보은군
사기막(마로면 적암리)

괴산군
내산막(청천면 무릉리), 농소막(청천면 후영리)

음성군
무수막(음성읍 용산리)

단양군
사그막(매포읍 금산리)

2.1.1.15. {전(田)}

'전'은 밭을 뜻하지만, 여기서는 특별한 밭이 있는 마을을 나타낸다.

충주시
신전(노은면 문성리), 아래산전(앙성면 돈산리), 황전(동량면 대전리)

옥천군
하포전(청성면 거포리)

괴산군
율전(연풍면 행촌리)

2.1.1.16. {부락(部落)}

'부락'은 마을을 나타낸다.

충주시
삼당부락(앙성면 지당리)

진천군
도장부락(백곡면 양백리)

2.1.1.17. {평(平)}

'평'은 평야(平野)의 준말로 '들'을 뜻한다.

충주시
당평(앙성면 본평리), 양평(금가면 월상리), 선평(금가면 월상리), 탑평(엄정
면 원곡리)

제천시

원장평(봉양면 장평리)

보은군

와평(보은읍 강산리), 갈평(마로면 갈평리), 후평(상습면 후평리), 상부평(신
외면 원평리)

옥천군

신평(청산면 신매리), 환평(군북면 환평리)

영동군

광평(황간면 광평리), 신평(양강면 남전리)

진천군

안평(진천읍 상계리)

괴산군

증평(증평읍 중동리), 덕평(증평읍 남차리), 사평(칠성면 사평리), 원후평(청
천면 후평리)

단양군

덕평(가곡면 보발리), 거사평(적성면 대가리)

2.1.1.18. {오랑(五郞)}

옛날 벼슬 이름에서 온 말로 그 벼슬을 한 사람이 살았다는 데서 온
지명이다.

충주시

오랑/랑(소태면 복탄리), 내오랑(소태면 오량리), 바깥오랑(소태면 오량리)

2.1.1.19. {점(店)}

'점'은 어떤 물건을 사고팔던 집이 있던 곳을 뜻한다.

충주시

사기점(앙성면 모점리)

제천시

통점(봉양면 봉양리)

보은군

독점(외속리면 장재리)

영동군

사기점(추풍령면 신안리), 유점(양강면 지촌리)

괴산군

동점(증평읍 덕상리)

음성군

단점(감곡면 오행리)

단양군

기리점(단양읍 마조리), 윗점(대강면 방곡리), 무쇠점(어상천면 심곡리)

2.1.1.20. (리(里)}

여기서의 '리'는 행정 단위가 아닌 마을을 뜻한다.

충주시
학리(앙성면 목미리)

제천시
주축리(용두동) 교리(청풍면 교리), 용곡리(청풍면 용곡리), 연론리(청풍면
연론리)

보은군
아곡리(회북면 아곡리)

옥천군
석탄리(옥천읍 석탄리), 인정리(청산면 인정리), 윗양심리(군서면 은행리)

영동군
중가리(영동읍 가리), 하가리(영동읍 가리), 곤덕리(매곡면 수원리), 여의리
(용화면 여의리)

진천군
대월리(덕산면 두촌리), 윗바사리(문백면 옥성리), 아랫바사리(문백면 옥성리)

괴산군
된저리(증평읍 덕상리), 삼성리(칠성면 외사리), 중리(연풍면 주진리), 덕사
리(청천면 후평리)

음성군

사창리(금왕읍 사창리), 삼고십리(소이면 금고리), 담사리(생극면 차평리),
단양군이(감곡면 단평리)

단양군

술안리(단양읍 수촌리), 창원리(영춘면 유암리), 오사리(영춘면 오사리), 상
리(영춘면 상리), 하리(영춘면 하리), 중리(영춘면 백자리), 갈기리(어상천면
율곡리), 북하리(단성면 북하리)

2.1.1.21. {지(地)}

'지'는 일반적인 땅을 나타내는 뜻으로 쓰인다.

충주시

독지(동량면 손동리)

보은군

큰망지(탄부면 성지리), 작은망지(탄부면 성지리), 서지(내북면 서지리)

옥천군

고지(이원면 건전리), 평지(군북면 이백리)

영동군

선화지(상촌면 상도대리)

진천군

새반지(진천읍 송두리), 정착지(초평면 용정리)

음성군
알구지(감곡면 주천리)

단양군
음지(단양읍 금곡리)

2.1.1.22. {정(亭)}
정자의 이름, 또는 정자가 있는 곳을 뜻한다.

충주시
동우정(산척면 송강리)

제천시
독순정(교동), 원모정(백운면 모정리)

보은군
상차정(수한면 차정리)

옥천군
동락정(안남면 연주리)

영동군
오정(영동읍 오탄리)

괴산군
상석정(불정면 지장리), 하석정(불정면 지장리)

음성군
공산정(감곡면 주천리), 양달독정(감곡면 평리), 음달독정(감곡면 평리)

단양군
송정(가곡면 어의곡리)

2.1.1.23. {영(營)}
옛날 관청이나 군사 기지가 있던 곳을 말한다.

충주시
새강영(산척면 송강리), 웃강영(산척면 송강리)

괴산군
대후영(청천면 후영리), 외후영(청천면 후영리)

음성군
울영(삼성면 신정리)

2.1.1.24. {강(江)}
강의 이름을 나타낸다.

충주시
대소강(산척면 송강리)

괴산군
곡강(증평읍 용강리)

2.1.1.25. {림(林)}

큰 숲이 있거나 있던 곳을 뜻한다.

충주시
소림(산척면 영덕리)

보은군
오림(외속리면 봉비리)

옥천군
청림(안남면 청정리), 안임(청성면 산계리)

2.1.1.26. {수(水)}

물과 관계있는 내나 개천을 나타낸다.

충주시
고장수(산척면 영덕리)

제천시
억수(덕산면 월악리), 용하수(덕산면 월악리)

보은군
왜수(보은읍 봉평리)

2.1.1.27. {탄(灘)}

여울이 있는 곳을 뜻한다.

충주시
삼탄(산척면 명서리)

영동군
비탄(영동읍 오탄리)

2.1.1.28. {월(月)}

'월'은 '달'과 관계있는 지명에 쓰인다.

충주시
새월(소태면 중청리)

보은군
망월(상승면 내망리)

옥천군
상만월(청성면 만월리)

2.1.1.29. {계(溪)}

'계'는 작은 개울을 나타낸다.

제천시
약물계(금성면 적덕리), 창록계(봉양면 봉양리)

영동군
하각계(심천면 각계리), 상각계(심천면 각계리)

2.1.1.30. {령(嶺)}

'영/령'은 높은 고개를 나타낸다.

제천시
경심령(한수면 서창리)

옥천군
만월령(안내면 장련리), 장영(청성면 장련리)

영동군
밀목령(상촌면 물한리)

괴산군
주월령(감물면 구월리, 감물면 방곡리)

단양군
저수령(대강면 올산리)

2.1.1.31. {화(花)}

'화'는 꽃과 관계있는 지명에 쓰인다.

제천시
윗개화(송학면 보전리)

옥천군
석화(동이면 세산리), 음지서화(군서면 동평리)

2.1.1.32. {장(場)}

'장'은 특별한 목적으로 사용되는 곳을 나타낸다.

충주시
바깥마장(앙성면 마연리), 마장(앙성면 마연리), 시장(엄정면 미내리)

보은군
목장(외속리면 오창리), 하장(탄부면 하장리)

영동군
사업장(황간면 난곡리)

진천군
시장(이월면 송림리)

2.1.1.33. {성(城)}

'성'은 특별한 목적으로 쌓은 '성'의 이름으로, 또는 그 '성'이 있는 곳에 쓰인다.

괴산군
태성(칠성면 태성리)

음성군
음성(음성읍 평곡리)

2.1.1.34. {용(龍)}

'용-/룡'은 용과 관계가 있는 곳에 쓰인다.

진천군

어룡(문백면 장월리)

괴산군

어룡(청천면 도원리)

2.1.1.35. {농(農)}

'농'은 농촌의 준말로 쓰인다.

진천군

귀농(덕산면 화성리)

괴산군

반농(불정면 외령리)

2.1.1.36. {동굴(洞窟)}

'동굴' 이름을 나타낸다.

단양군

고수동굴(단양읍 고수리), 천동동굴(단양읍 금곡리), 노동동굴(단양읍 노동리)

2.1.1.37. {계곡(溪谷)}

'계곡' 이름을 나타낸다.

단양군

천동계곡(단양읍 천동리), 죽령계곡(대강면 용부원리), 어의계곡(가곡면 어

의곡리)

2.1.1.38. {당(溏)}

'당'은 연못이나 수렁을 나타낸다.

충주시
작은용당(살미면 용천리, 큰용당(살미면 용천리), 약국용당(노은면 안락리),
셋집땅(노은면 문성리)

2.1.1.39. {비(碑)}

'비'는 특별한 비석이 있는 곳에 쓰인다.

괴산군
거치비(청천면 지촌리), 안거치비(청천면 지촌리), 원태비(청천면 송면리)

2.1.1.40. {제방(提坊)}

물가에 흙이나 돌로 쌓은 둑을 '제방' 혹은 줄여서 '방'이라고 한다.

충주시
원탄방(엄정면 신만리)

제천시
벽골제방(봉양면 미당리)

진천군
읍내리제방(진천읍 읍내리)

단양군

외중방(적성면 외중방리), 하방(단성면 하방리)

2.1.1.41 {금(金)}

'금'과 관련이 있는 지명에 쓰인다.

단양군

성금(대강면 성금리), 바깥성금(대강면 성금리), 안성금(대강면 성금리)

2.1.1.42. {원(院)}

관청에서 작은 특수한 물건을 관할하던 곳이다.

단양군

사지원(영춘면 사지원리), 하원(영춘면 사지원리), 관주원(적성면 각기리),
매주원(적성면 각기리)

2.1.1.43. {은행(銀杏)}

특별한 은행나무가 있는 곳이다.

괴산군

상은행(청안면 도당리), 하은행(청안면 도당리)

2.1.1.44. {익금(益今)}

'익금'은 원래의 이름이 '거일(巨日)'이며 이것도 고유어인 '거이(게)'로서
음차한 것이며, 이 음차된 '거일'을 한자의 의미로 해석하여 붙인 이름이다.

음성군
웃익금(감곡면 오행리), 익금(감곡면 오행리)

2.1.1.45. {폭포(瀑布)}

특별한 폭포가 있는 곳이나 폭포의 이름이다.

충주시
학암폭포(앙성면 용대리)

제천시
문바우폭포(봉양면 명암리), 벌대암폭포(봉양면 옥전리), 신선폭포(봉양면
옥전리)

괴산군
쌍곡폭포(칠성면 쌍곡리), 나옥폭포(연풍면 연풍리)

단양군
죽령폭포(대강면 용부원리)

2.1.1.46. {창(倉)}

곡식을 보관해 두는 창고가 있던 곳이다.

충주시
북창(금가면 유송리)

단양군
사창(영춘면 하리)

2.1.1.47. {보(洑)}

흘러가는 내나 개천을 막은 것을 '보'라 한다.

충주시
미리실보(엄정면 신만리), 사미보(복성면 사미리), 내창보(엄정면 괴동리)

제천시
산으보(화산2동), 안실보(화산2동), 압실보(화산2동), 앞보(화산2동), 앞산보(화산2동), 이기소보(화산2동), 입석골보(화산2동), 장자바우보(화산2동), 중보(화산2동)

영동군
큰보(황금면 추풍령릭)

괴산군
쌍계보(칠성면 쌍곡리), 갈읍보(찰성면 갈읍리), 들중보(이월면 용정리), 말무덤보(이월면 용정리), 어지미보(이월면 용정리), 동구거리보(이월면 용정리), 쇠굣날보(이월면 용정리), 앞실보(이월면 용정리), 앞산보(아월면 용정리), 아기소보(이월면 용정리), 입석골보(이월면 용정리), 중보(이월면 용정리), 지릅티보(이월면 용정리), 삼가촌말보(연풍면 분지리), 음달보(연풍면 분지리), 묵는들보(연풍면 연풍리), 안들보(연푸면 연풍리), 안터보(연풍면 연풍리)

진천군
마참보(진천읍 읍내리), 응금보(진천읍 읍내리), 가진제보(진천읍 성내리), 가로들보(진천읍 가산리), 들보(진천읍 가산리), 잔다리보(진천읍 가산리), 지성보(진천읍 가신리), 구래보(진천읍 벽암리, 상관리), 배머리보(진천읍 상관리), 들중보(이월면 용정리), 말무덤보(이월면 용정리), 어지미보(이월면 용정리), 장결보(이월면 용정리)

2.1.1.48. {교(橋)}

바다, 강, 내 등을 건너기 위하여 나무나 돌, 또는 철근 시멘트로 공간 위로 만든 시설물이 있는 곳을 말한다.

충주시
석교(금가면 원포리), 미내교(엄정면 미내리), 추평교(엄정면 추평리), 신월교(엄정면 신만리), 사미교(복설면 사미리), 탑평교(가금면 탑평리), 봉황교(가금면 봉황리), 양동교(소태면 야리), 구룡교(소태면 구룡리), 논강교(산척면 율능리)

제천시
학교(제천시 교동), 주포교(봉양면 주포리), 황간원교(봉양면 명암리), 연교(봉양면 학산리), 옥전교(봉양면 옥진리)

영동군
추풍령대교(황금면 추풍령리)

괴산군
연풍교(연풍면 연풍리)

진천군
진천교(진천읍 읍내리)

단양군

쌍화교(단양읍 중방리), 한강교(직성면 뷰곡리)

2.1.1.49. {역(驛)}

기차가 정차하는 곳이거나, 옛날에 공문을 중계하여 진하거나, 또는
공무로 다니는 일정한 관리들에게 말을 제공하던 곳을 '역'이라고 한다.

제천시

봉양역(보양면 주포리), 구학역(봉양면 구학리), 공전역(봉양면 공전리)

음성군

동역(소이면 갑산리)

2.1.1.50. {추(湫)}

땅바닥이 움푹 파이고, 물이 깊게 괸 곳을 '추' 또는 '초'라고 한다.

괴산군

용초(칠성면 쌍곡리), 상룡추(연풍면 연풍리), 중룡추(연풍면 연풍리), 하룡
추(연풍면 연풍리)

2.1.1.51. {암(庵)}

중이 임시로 거처하며 도를 닦는 작은 집이나, 절에 딸린 작은 절을
'암자'라고 하는데, '암'은 '암자'가 있는 곳을 나타낸다.

충주시

천불암(소태면 덕은리)

제천시

복전암(제천시 교동), 천수암(봉양면 학산리), 벌대암(봉양면 옥전리)

2.1.1.52. {제(提)}

물가에 흙이나 돌로 둑을 쌓아서, 홍수 따위로 물이 넘지 않도록 하거나, 흐르는 물을 막아 고이게 하는 곳을 '제'라고 한다.

제천시

갈제(제천시 화산동), 동방제(제천시 화산동)

진천군

상신제(진천읍 가산리)

2.1.1.53. {굴(窟)}

땅이나 바위가 깊숙하게 파인 곳이나, 산이나 땅속을 길게 뚫어 만든 공간을 '굴'이라고 한다.

진천군

장구굴(이월면 사곡리), 큰굴(진천읍 벽암리)

2.1.2. 방향. 위치를 나타내는 것

2.1.2.1. {편(便)}

어떤 쪽, 방향에 있는 장소를 나타낸다.

음성군

동편(생극면 송곡리), 서편(생극면 송곡리), 우뢰편(감곡면 영산리)

2.1.2.2. {남(南)}

남쪽 방향에 있는 장소를 나타낸다.

충주시

화남(소태면 주치리)

음성군

도남(소이면 충도리)

2.1.2.3. {상(上)}

어떤 것의 위쪽에 있는 곳을 뜻한다.

충주시

월상(금가면 월상리)

단양군

마상(대강면 당동리)

2.1.2.4. {중(中)}

어떤 것의 가운데에 있는 곳을 뜻한다.

보은군

한중(마로면 한중리)

괴산군

신초중(증평읍 초중리)

2.1.2.5. {전(前)}

어느 곳의 앞쪽에 있는 장소를 나타낸다.

제천시
포전(금성면 중전리)

2.1.2.6. {내(內)}

어느 것의 가운데에 있는 곳을 나타낸다.

보은군
장내(외속리면 장내리)

2.1.2.7. {저(低)}

어떤 것의 아래쪽에 있는 곳을 가리킨다.

옥천군
성저(청성면 산계리)

2.1.3. 기타

지명이 하나씩만 있는 것을 모아 보면 다음과 같다.

2.1.3.1. {학(鶴)}

제천시
송학(송학면 무도리)

2.1.3.2. {석(石)}

충주시

입석(가금면 용전리)

2.1.3.3. {도(道)}[3]

제천시

무도(송학면 무도리)

2.1.3.4. {사직(社稷)}[4]

보은군

사직(탄부면 사직리)

2.1.3.5. {각(角)}

보은군

평각(탄부면 평각리)

2.1.3.6. {주막(酒幕)}

괴산군

때주막(증평읍 초중리)

2.1.3.7. {산맥(山脈)}

괴산군

소백산맥(칠성면 쌍곡리)

---

3 원래는 '무릉도원(武陵桃源)'의 '도(桃)'였는데, 1914년에 '道'로 바꾸었다.

4 사직은 옛날 나라에서 제사 지내던 토지의 신과 오곡의 신을 말하는데, 여기서는 그와 관계된 토지
   나 건물이 있던 곳을 나타낸다.

2.1.3.8. {련(蓮)}

제천시

원애련(백운면 애련리)

2.1.3.9. {정(井)}

보은군

빈정(수한면 후평리)

2.1.3.10. {잠(岑)}

충주시

금잠(동량면 지동리)

2.1.3.11. {시랑(侍郎)}[5]

제천시

소시랑(봉양면 원박리)

2.1.3.12. {문(門)}

충주시

화문(신니면 문악리)

2.1.3.13. {가(街)}

보은군

삼가(내속리면 삼가리)

---

5 시랑은 신라와 고려 때 벼슬의 이름인데, 여기서는 그런 벼슬을 가졌던 이와 관계있는 지명을 나타낸다.

2.1.3.14. {양(陽)}

보은군

대양(탄부면 대양리)

2.1.3.15. {화(靴)}

옥천군

장화(이원면 개심리)

2.1.3.16. {마(馬)}

영동군

유점마(용산면 용산리)

2.1.3.17. {풍(風)}

영동군

추풍(추풍령면 추풍령리)

2.1.3.18. {능(陵)}

진천군

안능(문백면 평산리)

2.1.3.19. {척(尺)}

제천시

고척(교동)

2.1.3.20. {옥(玉)}

괴산군

수옥(연풍면 원풍리)

2.1.3.21. {석회(石灰)}

괴산군

부흥석회(청안면 부흥리)

2.1.3.22. {어구(於口)}[6]

단양군

대어구(영춘면 남천리)

2.1.3.23. {매(梅)}

단양군

절매(적석면 하원곡리)

2.1.3.24. {진(津)}

단양군

아랫하진(적성면 하진리)

2.1.3.25. {실(室)}

영동군

잠실(용화면 월전리)

---

6 드나드는 목의 첫머리를 '어귀'라 하는데, '口'를 한자로 음차한 것이다.

2.2. 어간

2.2.1. {정(定)}
'정(定)'은 한자로는 동사다.

단양군
황정(대강면 직치리)

2.2.2. {래(來)}
'래'도 한자로는 동사다.

제천시
보래(봉양면 언박리)

2.2.3. {고(高)}
'고(高)'는 '높다'에 해당하는 형용사다.

괴산군
외고(청천면 고성리)

2.2.4. {발(發)}
'발(發)'은 한자로는 동사다.

영동군
장자발(용산면 금곡리)

2.2.5. {야(冶)}

'야(冶)'도 한자로는 동사다.

단양군

소야(대강면 용부원리)

2.2.6. {익(益)}

'익(益)'도 한자로는 동사다.

영동군

산익(영동읍 산익리)

2.2.7. {망(望)}

'망(望)'도 한자로는 동사다.

보은군

내망(상습면 내망리)

2.2.8. {조(造)}

'조(造)'도 한자로는 동사다.

단양군

마조(단양읍 마조리)

3. 맺는 말

이상으로 충청북도 지역에서 나타나는 지명의 후반부가 한자어로 쓰인 지명의 의미와 분포를 살펴보았다. 이를 정리해 보면 다음과 같다.

첫째, 사물을 나타내는 것에는 {대(臺), 대(垈), 암(岩), 담(潭), 곡(谷), 산(山), 천(川), 촌(村), 동(洞), 당(堂), 현(峴), 봉(峰), 소(沼), 막(幕), 전(田), 부락(部落), 평(平), 점(店), 리(里), 지(地), 정(亭), 영(營), 강(江), 림(林), 수(水), 탄(灘), 월(月), 계(溪), 령(嶺), 화(花), 장(場), 성(城), 룡(龍), 농(農), 동굴(洞窟), 계곡(溪谷), 당(溏), 비(碑), 제방(堤防), 금(金), 원(院), 은행(銀杏), 익금(益今), 폭포(瀑布), 창(倉), 보(洑), 교(橋) 추(湫), 암(岩), 암(庵), 제(提), 굴(窟), 사(寺), 지(池), 탕(湯), 정(井)} 등이 있다.

둘째, 방향·위치를 나타내는 것에는 {편(便), 남(南), 서(西), 상(上), 중(中), 전(前), 내(內), 저(低)} 등이 있다.

셋째, 어간이지만, 지명의 후반부에 쓰이는 것으로는 (정(定), 래(來), 고(高), 발(發), 야(冶), 익(益), 망(望), 조(造), 관(觀)} 등이 있다.

이와 같이 후반부가 한자어로 된 지명들은 고유어로 된 것과 공존하여, 이 지방의 지명의 특색을 나타내고 있다.

충북 청주시, 청원군의 땅이름 고찰

땅이름의 뒷부분 구성요소를 중심으로

1. 머리말

이 글은 충청북도(1995)에서 조사, 작성한 '地名審資議科'에 나타난 자료를 바탕으로 하고, 충북 청주시와 청원군의 땅이름을 그 뒷부분의 구성 요소를 중심으로 하여, 의미와 특징을 살펴보려는 데 목적을 둔다. 이 자료집에 수록되어 있는 것은 청주시 85개소, 청원군 378개소로서, 행정단위('리' 단위)보다 작은 부락이다. 산, 고개, 들 등을 지칭하는 땅이름이다. 이런 땅이름들은 군, 시, 동·읍·면, 통·리로 통일되어 있는 행정구역 이름보다는 다양하고 흥미로운 자료를 내포하고 있다.

청주시와 청원군은 충청북도의 서쪽에 위치하며, 원래는 전체가 하나의 군이었다가, 1949년부터 시와 군으로 분리되었다. 그러나 청주시는 청원군의 한 가운데에 위치하여 언어나 풍습 등에 큰 차이가 없다고 보고, 이 글에서 하나로 묶어 다루기로 한다.

청원군(청주시)은 원래는 마한에 소속되었고, 삼국시대에는 백제의 땅으로 상당현(上黨縣) 혹은 낭비성(娘臂城) 및 낭자곡(娘子谷)이라 불리었으나, 신라가 백제를 점령한 후(서기 685년)에는 서원소경(西原小京) 또는 서원경(西原京)이라 하다가, 고려시대에 청주라 개칭되었고, 해방 후(1949)에 청주시와 청원군으로 분리되었다.

청원군은 동쪽은 산악지대로서 노령산맥에 딸려 있는 산과 고개 등이 많으며, 서쪽은 오창과 미호로 양분되는 큰 평야가 있어, 들과 내 등에 관련된 땅이름이 많다.

우리나라의 땅이름은 원래는 알타이어에 속하는 순수한 우리말로 되어 있었던 것이나, 기원후 4세기경에 한자가 들어온 뒤 신라 35대 임금 경덕왕(景德王) 16년에 한자어로 바꾸었다는 기록이 있다.[1]

---

1 "冬十二月改沙州爲尙州 領州一 郡十 縣三十……"(삼국사기 권9, 경덕왕 16년조)

그러나 아직도 '리' 단위 이하의 부락이나 산, 강, 내 들 등의 이름은 순수한 우리말로 된 것이 많을 뿐만 아니라, 그 이름에는 그 땅이나 사물의 모양, 특징, 전설, 민담 등과 관련된 내용이 들어 있으며,[2] 언어학적으로도 음운론적으로나 형태론적으로 훌륭한 자료들을 제공해 준다.

이 글에서는 땅이름의 앞부분에 속하는 구성 요소는 다루지 않으며, 뒷부분의 요소들을 한자어와 순수어로 대별하여 고찰하되, 두 개 이상의 예가 있는 것만을 대상으로 하였다.

2. 뒷부분 구성 요소의 특징

뒷부분 구성 요소라 함은 땅이름의 뒤에 붙는 접미사나 명사로서, 대개 그 땅의 종류를 나타낸다. 접미사는 순수어일 수밖에 없으나, 명사는 한자어로 된 것과 순수어로 된 것으로 나누어진다. 한자어도 원래는 순수어였을 것이나, 어느 땐가 한자어로 바뀐 것이다.

2.1. 순수어

(1) {-이}

{-이}는 우리말에서 매우 생산적인 접미사이다. 이는 용언의 어간이나 명사 등에 붙어 명사 또는 부사를 만든다. 여기서 다루려는 {-이}는 표준어에서 '살살이, 섭섭이, 곰배팔이, 얼간이' 등에서 나타나는 것과 같은 기능을 가지는 것으로 앞에 명사나 용언의 어간 등에 붙어 땅이름

---

2 땅이름에서 앞부분의 구성 요소가 명명의 동기와 관련된 내용을 나타내고 있는데, 충북지방의 그 것에 대하여 연구한 것으로 전철동(1989), 김순영(1994) 참조.

이 되는 것이다.[3] ('예'에서 ( )안은 '청주'는 '동'을 '청원'은 '면'과 '리'를 가리킨다.)

예) 청주: 독정이(강서2), 질구지(율량, 사천), 봇막이(강서1), 원흥이(산, 미분, 장), 용구지(수곡)

청원: 안둥뱅이(낭성·삼산), 돼지미둥이(낭성·현암), 대문달이(낭성·현암), 수레너미(낭성·현암), 자라미기(남일·신송), 살+댕이(남일·가산), 구밀이(남일·두산), 사챙이(남일·석실), 둥딩이(남이·척북), 분쟁이(문의·두모), 두만이(문의·마구), 등기비(현도·충척), 질푼이(오창·성산), 옥산이(북이·옥수), 돌꼬치(북이·석화), 주왕이(북이·선암), 살구랭이(북일·원통), 위다름뱅이(강내·월곡)

(2) {말/마을}

{말}은 '마을'의 준말로 많은 지역의 부락 이름으로 쓰인다. 마을은 고어에서 '마슬ㆍ, 마ㅿㄹㆍ, 마을'로 나타나는 것으로 보아 아주 오랜 옛날부터 쓰였음을 알 수 있다.

예) 청주: 강당말(오근장), 윗말(봉명3, 송정), 중간말(복대1), 상죽말(성화, 개신, 죽림), 안말(성화, 개신, 죽림), 하니말(용암, 용정, 방서), 양지말(용암, 용정, 방서)

청원: 중간말(만성·삼산), 아랫말(남일·가중, 남이·가좌), 서편말(남이·석실, 척산), 넘말(남이·가마), 외딴말(남이·구미), 중말(남이·가좌), 건너말(남이·가좌, 문동), 동편말(남이·척산), 중학마을(현도·시동), 갈마을(미원·성대)

---

[3] 예에 들어 있는 것 중에서 몇 개를 분석해 보면 다음과 같다.
  명사+{-이} ; 독정+이, 원흥+이, 구말+이 ……
  용언의 어간+{-이} ; 봇막+이, 대문달+이, 수레넘+이……

(3) {실}

{실}은 '골(짜기)[谷]'에 해당되는 우리말로서 오래 전부터 써왔던 것이다.[4] 산골짜기의 작은 내인 '시내'도 '실내(谷川)'에서 왔다는 견해도 이를 뒷받침한다.[5]

예) 청원: 다박실(낭성·지산), 용실(강내·태성), 밤까질(강내·호계), 임실(미원·운용)

(4) {들}

{들}은 '野'에 해당되는 우리말로 옛말에는 '드르ㅎ'로도 쓰였다.

예) 청주: 팔결들(오근장), 오잘들(오근장), 신대들(오근장), 보들(강서1), 싸래뜰(산, 미, 분, 장), 중뜰(산, 미, 분, 장), 궁뜰(산, 미, 분, 장), 용평뜰(산, 미, 분, 장), 진벌뜰(산, 미, 분, 장)
청원: 검은들(남이·대련), 농장들(강외·오송), 남촌들(옥산·남촌), 화산들(오창·유), 학소들(오창·학소), 장대들(오창·창), 괴정들(오창·도암), 가곡들(오창·가곡), 탑리들(오창·탑), 화족들(북이·화상), 상야들(가덕·상야), 칠양들(가덕·국전), 행정들(가덕·행정), 덕촌들(옥산·신촌)

(5) {티}

{티}는 '고개'를 나타내는데 한자의 '峙'와는 관계가 없다. 일찍이 이(1965: 106)에서는 전남 지방의 지명에서 보이는 {치}를 '城'을 뜻하는 '지'

---

4 '실'은 삼국시대부터 '谷'에 대응되는 것으로 본다(이돈주 1965: 124-125, 이기문 1991: 12-13 참조). 絲浦 今 蔚州 谷浦也(삼국유사 권4)

5 이희승(1932: 48-49)은 '시내'가 '가는내(細川)'의 뜻이 아니라, '谷'을 뜻하는 '실'과 '내'의 합성어임을 말하였다.

에서 격음화한 것이 아닌가 하는 의견을 말하였으나, 여기 지명에서 '티'로 나타나는 것으로 보아 '치'는 '티'에서 구개음화된 것이라고 볼 수 있다.[6] 한편 이 지방 지명에서는 '티' 또는 '치' 다음에 {재} 또는 {고개}가 쓰이는 경우가 있는데, 이는 '티'가 먼저 '고개'라는 의미로 쓰이고, 다음에 '재, 고개'라는 형태소가 나타나 잉여적 표현으로 중복된 것이라고 볼 수 있다.[7]

예) 청원: 거저티(낭성·지산), 홰나무티(현도·상삼), 벌티(오창·도암), 작은 한티(미원·화창)

(6) {울}

{울}은 신라의 지명에서 나타나는 '火' 또는 '伐', 백제 지명에서 보이는 '夫理'에서 연원된 것으로 /ㅂ/이 /ㅸ/으로 되었다가 탈락한 것으로 보며, 그 의미는 '洞, 理'에 해당된다고 본다(이 1965: 18-19).

한편 이 지방에서 /불/로 나타나는 지명이 있는데(장자불(청원-낭성·호정)), 상기한 고어의 형태가 남아 있는 것으로 보인다.

예) 청주: 되터울(강서1)
청원: 매채울(현대·우록), 속가좌울(오창·후기), 소새울(미원·운용), 아릿 전하울(낭성·호정), 윗전하울(낭성·호정), 신여울(북이·화상)

---

6 'ㄷ'이 'ㅈ', 'ㅌ'이 'ㅊ'으로 되는 것과 같은 구개음화 현상은 조선의 영·정조 시대(18세기)에 완료된 것으로 본다(김형규 1980: 155-158).

7 우리말에서의 잉여적 표현은 흔히 있는 것으로 '처가집', '역전앞'과 같은 말들이다.

(7) {터}

{터}는 '基'에 해당되는 말로 그 전에는 있었으나, 없어진 마을이나 건물 등의 이름으로 쓰이는 경우가 많다.

예) 청주: 밭터(오근장), 새터(강서1)

　　청원: 음지관터(남일·쌍수), 장터(부용·부강), 아랫터(강내·탑연), 새터(강내·부탄, 상정, 쌍청, 북이·산안), 안터(강내·산단), 구렁터(강내·연제), 새장터(강외·봉산, 오송), 고시름터(북일·마산) 상터(가덕·계산)

(8) {뫼/미}

{뫼/미}는 '山'을 뜻하는 우리말이다. 지금은 많은 산 이름이 '-山'으로 바뀌었으나, 아직도 시골에서는 이와 같은 옛말이 그대로 사용된다. 이 말은 원래는 /뫼/였으나, '/뫼/→/메/→/미/'로 음운의 변화가 일어나 함께 쓰인다.

예) 청원: 활뫼(낭성·호정), 머구미(낭성·호정), 태지미(남이·갈원), 퇴뫼(부용·부강), 무니미(강외·호죽)

(9) {재}

{재}는 '언덕'을 뜻하는 말이다.

예) 청원: 실티재(낭성·추정), 염치재(문의·마동), 말구리재(가덕·한재), 미테재(가덕·한계), 살티재(가덕·금거)

(10) {발/벌}

{발/벌}은 옛말에서의 '골(谷)' 또는 '벌(판)(野)'을 뜻하는 '벌, 불, 블'에서 온 것으로 보이는 바(김형규 1980: 4-11), 이 지방에서 /발/, /벌/로 남게 된 것이다.

예) 청원: 석발(남이·팔봉), 아랫감발(현도·시목), 윗갬발(현도·시목), 두름벌(북일·노원), 아랫과발(가덕·국전)

(11) {고개}

{고개}는 '峴'을 뜻하는 말로 옛날부터 씌어 왔다.[8]

예) 청주: 중고개(용암, 용정, 방서)

청원: 자라미기고개(남일·가중), 솔고개(남이·구미), 용달골고개(남이·갈원), 딕고개(남이·척북), 공덕고개(남이·가좌), 비룡고개(남이·비룡), 모재고개(남이·문동), 삭고개(문의·남계), 자명골고개(옥산·장동), 허고개(오창·모정), 두능고개(오창·두룡), 두릉고개(오창·두릉), 덜미고개(오창·두릉), 방말고개(오창·후기), 질푼이고개(오창·성산), 삽티고개(오창·구룡), 열티고개(미원·쌍이)

(12) {골/굴}

{골}은 원래 '谷'과 '邑'을 나타내는 말이었다.[9]

---

8 '泥峴 홁고개(용비어천가1: 44), 沙峴 몰애오개(용비어천가9: 49), 고개 현(峴)(훈몽자회 상: 3)'

9 '골'은 고구려어의 표기로 남아 있는 '忽'에서 왔다는 견해가 있다(김형규1980: 7-10). 그러나 고구려어의 '忽'은 '성(城)'을 나타내는 말이었다고 하는데(이기문 1991: 259, 307, 312), 중세어에서는 '성(城)'은 '잣'이었고, '골'은 '谷'을 나타냈다.

예) '잣': '돈니는 자새[於所游城](능엄경언해1: 32), 외로윈 자샌[孤城](두시언해 초간본: 10)", '골': '蛇洞 비얌골(용비어천가6: 43), 골곡(谷)(훈몽자회 상: 3)'

예) 청주: 웃터골(강서1), 풍년골(강서1), 도덕골(강서1), 완대골(복대1), 범박골(용담, 명암, 산성), 가경골(가경, 복대1), 방죽골(사창), 가경골(가경, 복대2), 송골(가경, 복대1), 홋골(가경, 복대1), 석굴러굴(성화, 개신, 죽림), 숯골(수곡), 이정골(용암, 용정, 방성), 다리골(용암, 용정, 방서)

청원: 허가마골(남일·화당), 참나무골(남일·고은), 부수골(남일·구암, 문의·두모), 범골(남이·대련), 너멍골(남이·문둥), 삽작골(남이·양촌), 가장좌골(남이·양촌), 방죽골(문의·남계), 도양골(문의·남계), 삭막골(문의·품곡), 동막골(문의·품곡), 열망굴(문의·구룡), 소탁골(현도·상삼), 동대골(현도·달계), 짐터골(현도·달계), 진장골(현도·하석), 가학골(부용·부강), 서양골(부용·외천), 가작골(강내·황탄), 다락골(강내·황탄), 용두골(강내·황탄), 위부엉골(강외·상봉), 가락골(옥산·가락), 방죽골(옥산·가락), 가는골(오창·일신), 윗방하골(오창·성재), 쟁골(오창·내추), 동골(북이·용계), 가마골(북이·자양), 먹골(북이·신대), 골닥골(북일·은곡), 큰골(미원·윤교), 지양골(미원·가양), 안골(미원·기암), 윗집풍골(미원·계원), 금봉굴(미원·옥화), 가골(가덕·시동), 가능골(가덕·노동), 상나무골(부용·노호), 덕룡골(강외·심중)

(13) {절}

{절}이 붙는 땅이름은 옛날에 절이 있었거나, 지금도 절이 있는 동네를 가리킨다.

예) 청원: 윗군절(남이·상발), 아랫군절(남이·상발)

(14) {거리}

{거리}는 길이 교차되는 곳을 나타낸다.

예) 청주: 주막거리(산, 미, 분, 장)

청원: 앞집거리(남이·수대), 삼거리(문의·두모), 탑거리(현도·죽암), 동림 사거리(옥산·동림), 선돌거리(북일·풍정), 뚜껑샘거리(북일·구성), 주막거리(가덕·금거)

(15) {바위}

{바위}가 붙는 땅이름은 그 마을에 특별한 바위가 있어서 붙여지는 것이다.

예) 청주: 그림방위(강서2), 장수바위(산, 미, 분, 장)

청원: 진바위(남이·외천), 윗섬바위(남이·척산), 소바위(남이·양촌), 덕바위(부용·문곡), 애기바위(부용·등곡)

(16) {뜸}

{뜸}은 작은 마을을 뜻하는 말로 옛말에서의 '쁨'에서 변천된 것으로 볼 수 있다. 옛말에서의 '쁨'은 '틈'을 의미하였다.[10]

예) 청주: 아래뜸(강서1), 부리뜸(용담, 명암, 산성), 안뜸(산, 미, 분, 장)

청원: 가운데뜸(남이·문동), 구역뜸(강내·석화), 정문안뜸(강내·탑연), 양지뜸(강내·부탄), 중뜸(강내·부탄, 강외·동평), 음지뜸(강내·부탄), 하뜸(강내·부탄), 혼뜸(강내·연정), 새뜸(강외·오송, 동평), 아래뜸(옥산·가라), 상뜸 (가덕·한계), 추뜸(가덕·삼항)

(17) {나루}

{나루}는 배가 나들 수 있는 곳을 말한다. 옛말에서는 'ᄂᆞᄅᆞ'였다.[11]

---

10 '쁨 爲 隙(훈민정음해례: 21), 쁨업게 하면(석보상절6: 24)'

11 '麻屯津 마둔ᄂᆞᄅᆞ(용비어천가1: 39), ᄂᆞᄅᆞ津(훈몽자회 상: 5)'

예) 청원: 말미개나루(현도·시동), 툭미나루(현도·시목), 용정리나루(현도·노산), 말미개나루(부용·노호)

(18) {내}

{내}는 '川'을 뜻하는 말이다.

예) 청원: 진내(오창·가좌), 까치내(가덕·내암)

(19) {지}

{지}는 원래는 '城'을 뜻하는 말이었지만(이돈주 1965: 104-106), 요즘은 보통 땅이름으로 남게 된 것이다.

예) 청원: 구들지(부용·부강), 등지(강내·황탄)

(20) {마루}

{마루}는 옛말에서 '무른'로 나타나며, '높은 곳', '우두머리' 등을 뜻하나[12], 여기서는 산등성이의 가장 높은 곳을 가리킨다.

예) 청주: 짐대마루(복대1)
　　청원: 석마루(현도·하석), 지마루(가덕·수곡)

---

12 신라말의 '麻立干'은 '마루한'이고, 이것은 퉁구스어에 공통되는 /maru/(上席)와 /khan/(王)이 합해진 말이며(김형규 1980: 361), 중세어에서는 '용마루[棟]', 또는 '으뜸가는, 가장 중요한 것'의 뜻으로 사용되었다(예: 무른宗(훈몽자회 초간본 상: 17).

2.2. 한자어

(1) {산(山)}

{산}은 순수어인 {뫼}를 밀어내고 대치된 것으로서 일반화도니 산 이름 형성요소이다.

예) 청주: 우암산 (용담, 명암, 산성), 선지산(용암, 용정, 방서)
청원: 백족산 (낭성·추정), 인경산(남일·갈산), 망월산(남이·석판), 용덕산 (남이·수대), 복두산(남이·비룡), 양성산(문의·미천), 구봉산(현도·하석), 복두산(부용·문곡), 마봉산(강내·당곡), 망덕산(강내·저산), 안당감산(강외·쌍청), 돛대산(강외·장남), 양사산(오창·두릉), 불당산(오창·원), 성재산(북이·부연), 태산(북일·원통), 구려산(미원·대신), 미산(강내·사곡)

(2) {봉(峰)}

{봉}은 '봉우리'에 해당되는 말로 산의 가장 높은 곳을 뜻한다.

예) 청주: 제전봉(강서1), 수타리봉(강서1)
청원: 국사봉(낭성·추정, 남이·문동), 제곡봉(강내·학천), 수타리봉(강내·황탄), 시루봉(강내·상정, 옥산·환희), 중봉(강외·서평)

(3) {대(臺)}

{대}는 '높고 평평한 곳'으로 사람이 머물 수 있는 데를 말한다.

예) 청주: 머굿대(오근장), 하복대(복대1), 중복대(복대1), 상복대(복대1)
청원: 원수대(남이·수대), (원)금대(북이·금대)

(4) {촌(村)}

{촌}은 '마을'에 대응되는 한자로 작은 부락 이름으로 많이 쓰인다.

예) 청주: 서촌(오근장), 평촌(오근장), 신촌(강서1), 점촌(용암, 용정, 방서),

　　청원: 임촌(현도·상삼), 은행촌(현도·노산), 동촌(부용·부강), 신촌(강내·
　　저산, 복이·원통, 북일·구성), 산직촌(강외·상봉), 덕촌(강외·쌍청), 보촌
　　(옥산·덕촌), 산적촌(오창·양지), 학교촌(오창·각), 양지촌(가덕·국전), 음
　　지촌(가덕·국전), 옥촌(옥산·가락)

(5) {곡(谷)}

{곡}은 골짜기를 뜻하는 땅이름에 쓰인다.

예) 청주: 내곡(강서2)

　　청원: 송곡(현도·시동), 하금곡(가덕·청룡), 상금곡(가덕·청룡), 부곡(강
　　외·공복)

(6) {동(洞)}

{동}은 '동네, 마을'을 나타내는 말로 행정단위인 '동'을 뜻하는 것은
아니다.

예) 청주: 평동(강서1), 두지동(산, 미, 분, 장)
　　청원: 교동(부용·부강), 성동(강내·사곡), 은적동(강내·저산), 송재동(강
　　내·호계), 도화동(강외·만수), 미화동(강외·오송), 미경동(강외·동평), 도
　　원동(오창·성산), 장재동(북이·장재, 가덕·청룡), 신화동(북일·묵방)

(7) {리(理)}

{리}로 마을을 나타내며, 행정단위인 '리'와는 다르다.

예) 청주: 발산리(오근장), 윗평리(강서2), 아랫평리(강서2), 진더리(강서1)
　　청원: 거멀리(강내·석화), 대평리(북일·도원)

(8) {탄(灘)}

{탄}은 '여울(강이나 바다에 물살이 세게 흐르는 얕은 곳)'을 나타낸다.

예) 청원: 월탄(강내·부탄), 원황탄(강내·황탄)

(9) {수(水)}

{수}는 강이나 내가 흐르는 곳을 나타낸다.

예) 청원: 외수(강내·황탄), 내수(북일·내수)

(10) {성(城)}

{성}은 돌이나 흙으로 외적의 침입을 막기 위해서 쌓았던 성이 있었거나. 지금도 남아 있는 땅이름을 나타낸다.

예) 청주: 토성(오근장)
　　청원: 태성(강내·태성), 유성(강내·사곡)

(11) {정(井)}

{정}은 우물이 있던 땅이름을 나타낸다.

예) 청원: 엄정(강외·쌍청), 사정(오창·모정), 통정(오창·후기), 은정(북이·부연)

(12) {암(岩)}

{암}은 특별한 바위가 있는 땅이름을 나타낸다.

예) 청주: 문암(강서2), 현암(강서1)
    청원: 입암(남이·척산, 북이·입동), 호암(오창·양청), 광암(북이·광암)

(13) {천(川)}

{천}은 순수어인 '내'에 대신하여 쓰이는 것이다.

예) 청원: 동천(북일·원통), 옥천(옥산·가라)

3. 맺는 말

이상에서 살펴본 땅이름은 행정단위인 '동, 리'보다는 작은 마을이나 고개, 산 등에 한정된 것으로서, 뒷부분의 구성요소를 형태소로 나누어 고찰하였다.

여기서 우리는 다음과 같은 몇 가지를 알게 되었다.

첫째, 땅이름을 구성하는 뒷부분의 구성요소는 한자어보다는 순수어가 월등히 많다. 이것은 한자어 중심으로 된 행정단위보다는 그보다 작은 마을이나 산, 고개 같은 땅이름에는 순수한 우리말이 많이 쓰이고 있다는 증거이다.

둘째, 옛말에서 나타나는 땅이름 구성요소와 대응되는 것이 많아 옛말의 연구에 좋은 자료를 제공해 줄 수 있다.

셋째, 청주시와 청원군의 지리적 위치로 볼 때 충북의 다른 지역은 물론 다른 시·도의 땅이름과 비교해 봄으로써, 옛말의 방언 분포와 방언 구획에 큰 도움이 될 수 있다.

넷째, 뒷부분의 구성 요소가 아닌 앞부분 구성요소를 고찰해 보면, 그 지역의 구비 문학이나 민속연구에 도움이 될 수 있는 자료가 많이 있다.

이 땅이름 연구는 앞으로 계속되어 다른 지역과의 공통점 또는 상이점을 밝혀 국어학과 방언학의 발전에 이바지할 예정이다.

한국어에서 나타나는 동화 작용의 확대 적용에 대하여

1. 머리말

한국어에서 나타나는 동화 작용 중 조음점 [points of articulation]을 옮겨서 닮는 경우가 있는데, 이 글에서는 이에 대한 확대 적용의 문제점에 대하여 논의하려는 데 목적이 있다.

한국어에서 비강 자음의 경우 다음과 같이 조음점을 옮겨 동화된다.

(1) ㄱ. /n/ → /m/ / v _{/m/, /p/, /p'/, /ph/}
ㄴ. /n, m/ → /ŋ/ /_ {/k/, /k'/, /kh/}
(참고, / : 환경, v : 모음)

이와 같이 다른 조음점을 가진 음소와 만날 때, 그와 동일한 조음점으로 자리를 옮기는 것은 자연스러운 현상이기는 하나, 표준 발음으로는 인정하지 않는다.

이 글에서 다루려는 바는 (1)과 같은 현상이 아니라, 다음과 같이 동화된다고 보는 견해가 옳지 않다는 것을 논증하려는 것이다.

(2) ㄱ. /p/ → /k/ / v _{/k/, /k'/, /kh/}
ㄴ. /p/ → /t/ / v _{/t/, /t'/, /th/}
ㄷ. /k/ → /p/ / v _{/p/, /p'/, /ph/}
ㄹ. /k/ → /t/ / v _{/t/, /t'/, /th/}
ㅁ. /t/ → /p/ / v _{/p/, /p'/, /ph/}
ㅂ. /t/ → /k/ / v _{/k/, /k'/, /kh/}

이 글에서는 이와 같은 동화를 인정하면, 동화에 대한 확대 해석이 될 것이며, 결국은 동일한 현상에 대한 순환 논리에 빠져, 단순한 음운 변동

작용을 복잡하게 만드는 오류를 범할 수 있음을 입증하게 될 것이다.

2. 선행 연구의 검토

동화 작용에 대한 구체적인 설명은 최현배(1975)에서 보인다. 최현배 (1975: 109-123)는 이 글에서 다루려는 내용에 관한 것으로 다음과 같은 예를 들었다.

(1) ㅅ을 ㄱ 앞에서 ㄱ으로 내는 수가 있나니:
   "삿갓"을 "삭갓"이라 하고,
   "곳고리"(鶯, 옛말)를 "꾀꼬리"라 하며,
   "밧고니"(換, 옛말)를 "바꾸니"라 하며,
   "것그니"(折, 옛말)를 "꺾으니"라 하며,
   "뭇그니"(束, 옛말)를 "묶으니"라 하는 따위.

(2) ㅅ, ㅈ, ㄷ을 ㅂ 앞에서 ㅂ으로 내는 수가 있나니:
   "갓방"(笠房)을 "갑방"이라 하고, "깃브다"(喜)를 "기쁘다"라 하며, (오늘의 대종하기 : 갓방, 기쁘다);
   "엿본다"는 "엽본다"라 하고, "낫브다"를 "납브다"라 하며, (오늘의 대종하기 : 엿보다, 나쁘다);
   "믿브다"를 "밉브다"라 하는 따위 (오늘의 대종하기 : 미쁘다);

(3) ㄷ을 ㄱ 앞에서 ㄱ으로 내는 수가 있나니:
   "몯고지"(集會)를 "목고지"라 하는 따위.

(4) ㅂ을 ㄱ 앞에서 ㄱ으로 내는 것이 있나니:

"밥그릇"을 "박그릇"이라 하는 따위.

여기서 문제가 되는 것은 "삿갓"의 "삿"에서 말음이 /s/로 발음되느냐 하는 것[1]과 "믿브다"가 "밉브다"로 되어 'ㄷ'이 'ㅂ'으로 동화되었다고 한 것이 옳은가, 혹시 그것은 동화 작용을 확대 해석하는 것으로 오류이며, 사실은 'ㄷ'받침 다음에 된소리가 되고, 그 다음 'ㄷ'이 탈락된 것이 아닌가 하는 것이다.

박창해(1967ㄴ: 75-79)에서는 "앞 음절의 끝 자음 음운이 /-p, -t, -k/이고, 뒷 음절의 첫 자음 음운이 /p-, t-, c-, s-, k-/인 경우, /-p, -t, -k/는, 다음의 도표에서 보는 바와 같이, 그 조음점을 이동한다고 볼 수 있다."고 하고 그 결과를 다음과 같이 제시하였다.

세트 1: (/-p p-/ > /-pp-/)
　　　　/-p k-/ > /-kk-/

세트 2: /-t p-/ > /-pp-/
　　　　(/-t t-/ > /-tt-/)
　　　　/-t c-/ > /-cc-/
　　　　/-t s-/ > /-ss-/
　　　　/-t k-/ > /-kk-/

---

[1] 옛말에서 앞 음절에 'ㅅ' 받침으로 쓰이고, 뒤 음절의 첫소리가 예사소리이다가, 나중에 된소리로 된 경우는 많았다.
예 삿기 → 삿끼 → 새끼(김진규1993: 288)
늣기다 → 느끼다(유창돈1973: 32)
이를 보면 옛말에서도 받침으로 쓰인 'ㅅ'은 중화되어 'ㄷ'이 되고, 'ㄷ'받침 다음에 예사소리가 된소리로 된 다음, 그 'ㄷ'이 탈락되어 오늘날 모음과 모음 사이에 된소리만 남게 된 것이다. 이는 이 글에서 뒤에 논의할 사항과 일치한다.

세트 3: /-k p-/ > /-pp-/

  (/-k k-/ > /-kk-/)

  (참고, ( ) 안은 이 글에서 다루려는 사항이 아님)

이 견해는 두 가지 점에서 문제가 있다. 첫째, 이 가설은 긴장자음이나 대기자음은 각각 단순자음이 아니라, 단순 자음의 복합체라는 가정하에서 가능하며,[2] 둘째, 박창해(1967ㄴ: 62-67)에서 말한 "긴장 자음 되기"나 "단순 자음 음운의 탈락 또는 흡수"(박창해1967ㄴ: 92-96)와 혼동된다는 점이다.

이와 유사한 견해는 허웅(1985: 276-277)에서도 볼 수 있다. 그 예를 보이면 다음과 같다.

혀끝-입술: /ㄷ-ㅂ/ → /ㅂ-ㅂ/ 듣보다, 벋버듬하다

혀끝-뒤혀: /ㄷ-ㄱ/ → /ㄱ-ㄱ/ 받걸이, 받고, 얻기, 걷기

입술-뒤혀: /ㅂ-ㄱ/ → /ㄱ-ㄱ/ 밥그릇, 입가심, 밉광스럽다

  (참고, 필요한 예만 보임)

허웅(1985: 277)은 나아가서 "앞 소리가 겹받침 줄이기, 입곱 끝소리 되기로 /ㄷ,ㅂ/로 바뀐 경우도 한 가지이며, 뒷소리에는 /ㄲ,ㅍ/도 관여할 수 있다."고 하였다.

---

2 박창해(1967ㄱ: 4)는 긴장자음이나 대기자음을 단순자음의 복합체로 보았다. 그는 "어두 initial에서 날 때에는, 다른 언어들과 비슷이 하나의 음운으로 보이나, 어중 medial에서 날 때에는 두 개의 음운의 연속적 또는 동시적인 것으로 볼 수 있다."고 하였다. 이 견해라면 '곱배기'에서 앞 음절 끝소리 'ㅂ'과 뒤 음절의 첫소리 'ㅂ'이 합쳐져 'ㅃ'이 되었다고 할 만하다. 그러나 허웅(1985: 180-181)의 견해처럼 'ㅃ'이 하나의 음소라면 이런 해석은 불가하다.

동화 작용을 자음의 강도에 의하여 해결하려 한 견해로는 김차균(1981)과 오정란(1993: 91-104)을 들 수 있다. 오정란은 자음의 강도를 여러 학자들의 견해를 종합하여 다음과 같이 제시하였다(오정란 1993: 96).

			voiced	voiceless	continuent	voiceless
glides	liquids	nasals	continuent	voiced stop	stop	tensed

$$----------------------------------->$$

| 1 | 2 | 3 | 4 | 5 | 6 | 7 |

이 강도에 의하여 "음절두음의 강도강세 : Cf(s)≦Ci(s)"가 일어나고, 이 제약에 어긋나면, "강도 올리기 규칙"의 적용을 받아 다음과 같이 "경음화"가 일어난다고 하였으며(오정란 1993: 96-97), 또한 "위치조정 현상 – 연구개음화와 순음화"에서 "음절두음의 위치강세"를 다음과 같이 나타내었다(오정란 1993: 99).

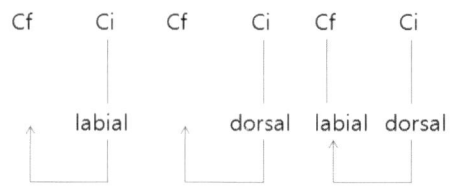

(참고, 필요한 부분만 인용, 화살표는 위치강세 확산 방향)

이 규칙에 의하여 나타나는 예는 다음과 같다(오정란 1993: 99-100).

꽃밭　　 /kot ＄ pat/ → [kop p'at]
　　　　　　　 alv. lab.　 lab. lab.
옆구리　 /yəp ＄ kuri/ → [yək k'uri]

```
            lav. dor.      dor. dor.
못질    /mot $ cil/   →   [mot c'il]
잇고    /it $ ko/    →   [it k'o]
            alv. dor.      dor.dor.
```

이 경우 위치의 강세를 나타내는 뒤 음절의 첫음소에 앞 음절의 끝 음소가 자리를 옮긴다는 점에서 앞서의 논의들과 별로 다르지 않다.

3. 동화에 대한 확대 적용의 문제점

(1)에서와 같은 동화 현상은 앞 음절의 끝음소가 변동되었음에도 발음상 분명히 드러나므로, 의심할 여지가 없다. 즉 예를 들어 '문법'이 '[문뻡]'이 되어도 다음과 같이 음절의 구성에 영향을 받지 않는다.

(3) /mun $ pəp/ → [mum̄ $ p'əp̄] (참고, $: 음절 경계)

그러나 최현배(1975: 109-123), 박창해(1967ㄴ: 75-79), 허웅(1985: 276-277)에서처럼 다음과 같은 동화가 일어나면, 음절 구성에 영향을 미친다.

(4) ㄱ. /pap $ kǐlǐt/
     ㄴ. pak $ kǐlǐt   동화 작용
     ㄷ. [pak̚kǐlǐt]   표면 구조

(4ㄷ)이 성립하려면, 다음과 같은 가설이 성립해야 한다.

(5) 앞 음절의 끝 자음음소가 뒤 음절의 첫 자음음소에 동화되면, 그 음
소들은 각각 따로 발음된다.

이 가설이 성립되면, 박창해(1967ㄴ: 62-67)에서의 "긴장 음운 되기"에
어긋난다.[3] 왜냐하면, (4ㄴ)에서와 같이 /p/이 /k/에 동화되어 /k/이 된다
하더라도, 여전히 /k/은 받침이 되므로, 다음 음절의 /k/은 /k'/이 될 것이
기 때문이다. 또한 허웅(1985: 180-181)에서 논의한 바로는 된소리는 하나
의 음소이므로, 두 개의 음소가 합해져 하나의 음소가 된다는 것은 논리
에 맞지 않는다.[4]

한국어에는 일곱 개의 받침소리 다음에 나오는 [-향음]의 예사소리
는 된소리가 되는 경향이 있다. 이 중에서 문제의 /p, t, k/ 받침 다음에
나오는 뒤 음절의 첫소리 중 된소리의 짝이 있는 /p, t, k, c, s/는 다음과
같이 된소리가 된다.

(6)
$$
\begin{bmatrix} /p/ \\ /t/ \\ /s/ \\ /k/ \\ /c/ \end{bmatrix} \rightarrow \begin{bmatrix} /p'/ \\ /t'/ \\ /s'/ \\ /k'/ \\ /c'/ \end{bmatrix} \ / \{/p/, /t/, /k/\}\_v
$$

---

3 긴장자음화 또는 경음화 현상은 '표준 발음법'에서도 인정하는 사항이다(이희승·안병희 1994: 224-225).

4 허웅(1985: 241)에서는 /ㄱ/, /ㅂ/, /ㄷ/ 받침 다음에는 "첫소리의 /ㅂ/, /ㄱ/, /ㄷ/, /ㅈ/은 된소리로 나는 경향이 있고, 같은 소리가 이어나면 한 소리가 된다."고 했는데, 이 경우 두 음소가 합쳐져 한 음소가 된다는 것인지, 뒤 음소가 된 소리가 된 다음 앞 받침이 탈락되어 한 음소가 된다는 것인지는 불명확하다.

(6)의 예를 들어 보면 다음과 같다(박창해 1967ㄴ: 64-67).

(7) ㄱ. 곱빼기 /koppɛki/ → /kopp'ɛki/

　　 ㄴ. 돕다　　 /topta/　　 → /topt'a/

　　 ㄷ. 입기　　 /ipki/　　 → /ipk'i/

　　 ㄹ. 합작　　 /hapcak/　 → /hapc'ak/

　　 ㅁ. 집사　　 /cipsa/　　 → /cips'a/

　　 ㅂ. 밑바닥 /mitpatak/ → /mitp'atak/

　　 ㅅ. 믿다　　 /mitta/　　 → /mitt'a/

　　 ㅇ. 있고　　 /itko/　　 → /itk'o/

　　 ㅈ. 걷자　　 /kətca/　　 → /kətc'a/

　　 ㅊ. 받소　　 /patso/　　 → /pats'o/

　　 ㅋ. 국밥　　 /kukpap/　 → /kukp'ap/

　　 ㅌ. 각도　　 /kakto/　　 → /kakt'o/

　　 ㅍ. 국군　　 /kukkun/　 → /kukk'un/

　　 ㅎ. 삭제　　 /sakce/　　 → /sakc'e/

　　 ㅑ. 박사　　 /paksa/　　 → /paks'a/

이 경우 빠른 말 [rapid speech]에서는, 된소리 앞의 받침은 수의적으
로 탈락 또는 흡수되는 경향이 있다(박창해 1967ㄴ: 62-79, 허웅 1985: 225).

(8) ㄱ. /kopp'ɛki/　 →　 /kop'ɛki/

　　 ㄴ. /topt'a/　　 →　 /tot'a/

　　 ㄷ. /ipk'i/　　 →　 /ik'i/

　　 ㄹ. /hapc'ak/　 →　 /hac'ak/

　　 ㅁ. /cips'a/　　 →　 /cis'a//

　　 ㅂ. /mitp'atak/ →　 /mip'atak/

ㅅ. /mitt'a/ → /mit'a/

ㅇ. /itk'o/ → /ik'o/

ㅈ. /kətc'a/ → /kəc'a/

ㅊ. /pats'o/ → /pas'o/

ㅋ. /kukp'ap/ → /kup'ap/

ㄷ. /kakt'o/ → /kat'o/

ㅍ. /kukk'un/ → /kuk'un/

ㅎ. /sakc'e/ → /sac'e/

ㅏ. /paks'a/ → /pas'a/

한국어의 토박이 화자들은 모음과 모음 사이에 된소리가 있는 경우, 그 된소리는 다음과 같이 앞 음절의 끝소리와 뒤 음절의 첫소리로 들린 다고 한다(허웅 1985: 225).

(9) /ap'a/ → [ap̚ $ pa]

설사 (9)와 같이 발음한다 해도 결국은 (7), (8)의 단계를 거치게 되어 있으니, (9)는 궁극적으로는 (8)처럼 나타나게 되어 있는 것이다. 그런 점 으로 볼 때, 예를 들어 "있고"에서 말음 /t/이 조음점의 이동에 의하여 / k/이 되더라도 다음과 같이 발음되어야 한다.

(10)ㄱ. /ik $ ko/

　　ㄴ. ik $ ko　　동화 작용

　　ㄷ. ik $ k'o　　된소리 되기

　　ㄹ. [ik'o]　　표면 구조

결국 (10ㄹ)은 (8)과 같이 되어 결과에 있어서는 동화 작용이 일어나지 않은 경우와 동일한 발음이 되어 버린다. 그러므로 (10ㄹ)은 (9)와 같은 착각에서 나온 해석이라고 볼 수 있다. 즉, [ik'o]를 (10ㄴ)처럼 [ik $ ko]로 착각한 것인데, 이는 다음과 같은 현상으로 나타나는 발음과 동일하다.

(11)ㄱ. /it $ ko/
　　ㄴ. it $ k'o　　된소리 되기
　　ㄷ. [ik'o]　　표면 구조

결국 (10ㄹ)과 (11ㄷ)은 동일한 결과인데, 구태여 (10ㄴ, ㄷ)과 같은 과정을 거쳐야 되느냐 하는 점이다. 설혹 그런 해석이 가능하다 해도 결과는 같기 때문에 그 해석은 순환 논법에 불과한 셈이 된다. 그러므로 이러한 동화 작용은 인정하지 않는 것이 타당하다.[5]

이를 다른 방법으로 알아보기 위하여 기계에 넣어 발음 시간을 측정하였다. 다음 사진은 '[it̚k'o], [ik̚k'o], [ik'o]'에 대하여 발음 시간을 측정한 것이다.

(12)ㄱ.　　　　　　　ㄴ.　　　　　　　ㄷ.

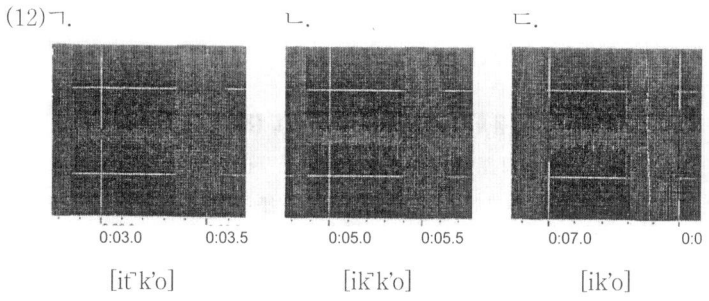

　　　0:03.0　　0:03.5　　　0:05.0　　0:05.5　　　0:07.0　　0:0

　　　　[it̚k'o]　　　　　　　[ik̚k'o]　　　　　　　[ik'o]

5　'표준 발음법'에서는 경음화는 인정하고, 이러한 동화 작용으로 일어나는 발음은 표준 발음으로 인정하지 않는다. 그러나 비표준 발음으로는 그러한 동화 작용을 인정한 것으로 보인다(이희승·안병희 1994: 221-222).

(13)ㄱ.   ㄴ.   ㄷ.

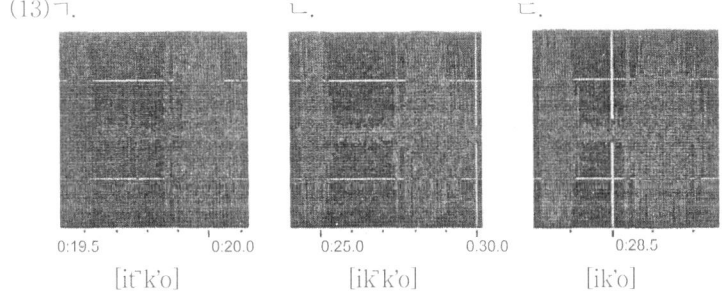

0:19.5   0:20.0   0:25.0   0:30.0   0:28.5

[itˀkʼo]   [ikˀkʼo]   [ikʼo]

(12)는 피조사자 'A'의 발음이며, (13)은 피조사자 'B'의 발음이다. 이 사진들에서 파장이 큰 것은 모음이며, 작은 것은 자음인데, 자음이 발음되는 시간이 (12ㄱ, ㄴ)에 비하여 (12ㄷ)이 반이며, (13ㄱ,ㄴ)에 비하여 (13ㄷ)이 반이다. 이는 자음이 두 개 발음되는 것에 비하여 자음이 하나만 발음되는 쪽이 반이 되는 것이 당연하다. 동일한 시간으로 발음될 경우에 받침 'ㄷ'과 'ㄱ'이 쓰임으로 최소의 쌍이 되는데, 동화시켜 발음할 이유가 없다. 즉, 뒤에서 논의하는 바처럼, '있다'와 '익다'는 별개의 단어가 되는데, 'ㄷ'이 동화시켜 'ㄱ'으로 발음하여야 할 이유가 있느냐 하는 것이다.[6]

또한 'ㄷ'이 'ㄱ'으로 동화되는 것은 이른바 조음 노력 경제 현상과도 맞지 않는다. 물론 오정란(1993: 99)에서는 말하는 바처럼 같은 조음점으로 옮기는 현상도 조음에 힘을 덜 들이려는 현상임에는 틀림없으나, (8)에서처럼 뒤 음절의 첫소리가 된소리가 된 다음에 앞 음절의 첫소리가 탈락되어도 의미의 전달에 문제가 없다면, 그게 더 힘을 절약하는 것인데, 구태여 앞 음절의 끝소리를 조음점을 옮긴 다음에 수의적으로 탈락시킨다는 것은 논리에 맞지 않는다. 이는 다음과 같이 음절의 구성 방법에도 문제가 된다.

---

6 사진 (12)와 (13)에 나타난 발음은 피조사자들이 의도적으로 발음한 것이다. 그러나 빠른 말 [rapid speech]에서는 앞 음절의 받침은 생략됨이 상례다.

(14) ㄱ. ><

/it k'o/

ㄴ. ><

/ik k'o/

ㄷ. ><

/i k'o/

(14ㄱ)이나 (14ㄴ)은 다 같이 /t/이 점약음이 되고, /k'/은 점강음이 되어 그 사이에 음절의 경계가 주어진다. 그러나 (14ㄱ)은 조음점이 달라 그 경계를 분명히 할 수 있으나, 같은 조음점에서 발음되는 동일 서열의 두 음소를 분명히 발음하려면, 그 의식적인 노력이 필요하게 된다(허 1985: 112-113 참조). 이 점은 빠른 말에서는 오히려 힘을 더 들이는 결과가 되지 않을 수 없는 것이다.

또한 (14ㄴ)처럼 발음할 경우 원래부터 그런 음절 구성을 가진 단어와 의미 충돌이 일어날 수 있다. 예를 들어 '각국(各國)'은 (7)의 과정을 거쳐 '[kak̚k'uk̚]'이 될 것인데, '갑국(甲國)'도 '/kap $ kuk/ → /kak $ kuk/ → [kak̚k'uk̚]'이 되어 버린다. 이와 같은 현상은 의미를 전달하는 언어에서 심각한 혼동을 야기하지 않을 수 없다. 여기서 그런 예를 하나씩만 더 들어보기로 한다.

(15) ㄱ. /k/ 앞에서 /k/과 /p/의 혼동

독기(毒氣) /tokki/ vs 돕기('돕-'의 명사형) /topki/

ㄴ. /k/ 앞에서 /k/과 /t/의 혼동

각기(各其) /kakki/ vs 갖기 /katki/

ㄷ. /t/ 앞에서 /p/과 /t/의 혼동

갚다가 /kaptaka/ vs 갔다가 /kattaka/

ㄹ. /t/ 앞에서 /t/과 /k/의 혼동

깠더니 /k'attəni/ vs 깎더니 /kaktəni/

ㅁ. /p/ 앞에서 /p/과 /k/의 혼동

갑부(甲部) /kappu/ vs 각부 /kakpu/

ㅂ. /p/ 앞에서 /p/과 /t/의 혼동

납본(納本) /nappon/ vs 낙본(落本) /nakpon/

위 예들에 동화 작용을 적용하면, 결국 같은 발음이 되어 버린다. 물론 빠른 말에서 앞 음절의 받침이 탈락될 때는 문맥적 의미[contextual meaning]로 구분되겠지만, 그렇지 않은 말에서 이런 의미의 혼동이 오는 동화 작용을 허용한다는 것은 무리가 아닐 수 없다.

또 하나의 문제는 다음과 같은 'ㅎ'에서 발생한다.

(16) 닿소[다쏘]

'표준 발음법(이희승·안병희 1994: 219)'에서는 설명 없이 '닿소'가 '[다쏘]'가 되는 것으로 처리하였다. 이는 다음의 두 가지 규칙으로 이루어진다고 본 것으로 해석된다.

(17) ㄱ. /tah $ so/

tahso   음절 경계 없음

tasso   h의 동화

[tas'o]   표면 구조

ㄴ. /tah $ so/

tahso   음절 경계 없음

tatso	중화 작용
tats'o	경음화
tas'o	't'의 탈락
[tas'o]	표면 구조

이 중에서 (17ㄱ)은 다음과 같은 두 가지 문제가 있다.

첫째, /h/이 고정 자리가 없고, 마찰음이어서 쉽게 자리를 옮겨서 /s/에 동화된 다음, 그 /s/은 뒤 음절의 /s/과 결합되어 /s'/이 되었다고 보아야 한다. 그러나 표기법으로는 'ㅅ'과 'ㅅ'이 결합하면, 'ㅆ'이 되었다고 할 수 있으나, 음운으로는 동일한 예사 음운의 결합이 된소리 음운으로 바뀐다고 보기는 어렵다.[7]

둘째, /h/이 받침 자리에서 /t/으로 중화된다는 것은 다음의 예에서도 증명된다.

(18) 닿는[단는]

(18)에서 /h/이 뒤 음절의 /n/에 동화되어 /n/으로 바뀌었다고 보기는 어렵다. 즉, /h/은 중화되어 /t/이 된 다음, /n/에 동화되어 /n/으로 바뀐 것이다.

그러므로 결국 이 (16)은 (17ㄴ)으로 해석하는 것이 옳다.

---

7 한글에서의 된소리 표기는 같은 글자를 겹쳐 쓰는 것에 불과하며, 음운으로는 된소리는 예사소리에 후두 긴장음 /ʔ/이 결합되어 나타나는 것이다. 예컨대 '/k/+/ʔ/ → /k'/'으로 해석된다. 이는 예사소리와 /h/이 결합되어 거센소리가 되는 현상과도 일치한다. 즉, '/kh/'은 '/k/'과 '/h/'이 결합된 것이다.

4. 맺는 말

이 글에서는 조음점의 이동으로 일어나는 동화 작용 중에서 앞 음절의 받침 /p/이 뒤 음절의 첫소리 /t/을 닮아 /t/으로, /k/을 닮아 /k/으로 바뀌고, 앞 음절의 /t/이 뒤 음절의 첫소리 /p/을 닮아 /p/으로, /k/을 닮아 /k/으로 바뀌며, 앞 음절의 받침 /k/이 뒤 음절의 첫소리 /p/을 닮아 /p/으로, /t/을 닮아 /t/으로 바뀐다는 논리에 대하여 그 부당성을 논의하였다.

그 이유는 다음과 같다.

첫째, 파열음 받침 다음에 오는, 된소리 짝이 있는 예사소리는 된소리가 되는 경향이 있으며, 빠른 말에서는 된소리가 된 다음 탈락되는 수가 있다. 위와 같은 동화 작용을 인정한다 하더라도 그 결과는 동일한데, 구태여 그런 동화 작용의 중간 단계를 거칠 필요가 없다.

둘째, '첫째'에서와 같이 된소리가 모음 사이에 남게 되면, 한국어의 모국어 화자는 한 음소는 앞 음절의 받침으로, 한 음소는 뒤 음절의 첫소리로 인식되지만, 만약 그렇다 하여도 결국은 받침 다음에 된소리가 되고, 다시 앞 음절의 받침이 탈락되는, 순환 논법에 빠지게 된다.

셋째, 모음 사이에서 받침과 된소리가 발음되는 시간과 하나의 된소리가 발음되는 시간이 동일하지 않다면, 이 동화 작용은 일어나지 않는 것이다.

넷째, 음절 구성으로 봐서, 앞 음절의 모음을 점약음으로 하고, 뒤 음절의 자음을 점강음으로 하는 것이 발음하기에 편한데, 구태여 앞 음절의 받침을 동화시켜 점약음으로 한다는 것은 조음 노력 경제 현상에 역행하는 것이다.

다섯째, 이와 같은 동화 작용을 허용할 경우 같은 환경에서 의미의 혼

동을 자초할 가능성이 있는데, 의미의 정확한 전달을 위해서도 동화 작
용은 불필요한 것이다.

이른바 한국어의 두음 법칙 연구

1. 머리말

우리말의 음절 구성은 다른 말과는 상이한 제약이 있다(허 웅 1975: 207-225).

예컨대, 초성에 중자음이 쓰일 수 없고, /ŋ/과 /l/도 쓰일 수 없으며, 음절핵은 단모음 10개와 중모음 12개가 쓰이고, 종성은 7개의 자음만이 쓰일 수 있다는 것 등이다. 그리하여 수학적으로 계산되는 음절의 수는 3,520개가 되지만 실제로 쓰이는 것은 1,096개 정도가 된다고 한다(허 1975: 212-213). 그러나 단어의 구성으로 볼 때에는 음절의 제약이 더 많아서 조음하기에 쉽도록 되어 있다.

이 글에서 다루려는 이른바 '두음 법칙'은, 앞에서 언급한 바와 같이 중자음과 /ŋ/, /l/이 어두에 올 수 없다는 것과, /n/이 /i/나 /j/ 앞에서 쓰일 수 없다는 제약성을 말한다. 그러나 이 글에서는 중자음과 /ŋ/이 어두에서 쓰이지 않는 것은 제외하기로 한다.

/l/이 모음 앞에서 쓰이지 않고, /n/이 /i/나 /j/앞에서 쓰이지 않는 것은 단어의 첫음절이라는 제약을 받는다. 왜냐하면, 그들은 어중에서는 얼마든지 자유롭게 쓰일 수 있기 때문이다.

그리하여, 이 경우는 어두에서는 없던 /l/이나 /n/이 어중에서 변동 혹은 첨가되거나, 혹은 어중에서 있던 그 음소들이 어두에서 변동, 혹은 탈락되거나 하는 두 가지 해석이 가능하게 된다. 형태론적 입장에서 보면 그것은 어떤 것을 기본형태 [basic morph] 로 삼느냐 하는 문제가 된다.

필자는 동일한 형태소로 취급될 수 있는 경우에는 /l/이나 /n/이 개재되어 있는 것을 기본으로 삼고, 그들이 어두에서 변동 혹은 탈락되는 것으로 보고자 한다. 그 이유는 없던 음소가 어중에서 첨가되려면 상당한 음운론적 조건이 있어야 되는데, 그것은 유형에 따라 다르게 해석되거나 별다른 이유가 없는 경우도 있는데, 위의 경우는 후자에 해당하기 때문이다.

/l/이 어두에서 변동되는 것은 보통 한자어이거나 외래어들이다. 한자는 동일한 글자가[1] 어두와 어중에서 쓰이기 때문에 비교가 용이하며 외래어는 원래의 외국어와 비교가 가능하다.

/n/이 어두에서 /i/나 /j/ 앞에서 탈락하는 것은 한자어나 순수한 우리말에서 나타난다.

위의 예들에서 한자어의 경우에는 이들이 원래는 중국어에 쓰이던 것이 우리말로 바뀌면서 우리말의 음소로 변동되었을 것으로 보고, 현재 중국어의 발음을 참고로 했다.[2]

이 글에서 다루는 문제는 새로운 것이 아니다. 이미 전통문법에서나 구조주의 음운론, 생성 음운론에서 논의된 내용이다. 다만, 필자는 이것을 좀 더 상세히 정리하고, 잘못 취급된 것은 시정해 보는 것으로 만족하려 한다.

이 글에서 다루는 기호는 뒤에서 언급하기로 한다.

2. /l/의 어두에서의 변동

/l/은 한자어나 외래어의 경우에 어두에서(즉, 모음 앞에서) /n/으로 변동된다. /n/은 다시 (1ㄴ)에서와 같이 /i/나 /j/ 앞에서 탈락되기 때문에 이 때에는 결과적으로 /l/이 ∅(zero)가 되는 셈이다. 이를 규칙으로 표시하

---

1 주지하다시피 한자는 각 글자가 독립된 의미를 가진다. 그러므로 이들은 각자 언어라고도 볼 수 있고, 형태소라고도 볼 수 있다. 이 글에서는 후자와 같이 다루고자 한다.

2 이 글에서의 표기는 대만에서 발행된 《辭海》(臺北: 輔新書局, 1986)에 따랐다.

면 다음과 같다.

(1) ㄱ. /l/ → /n/ / # — V³

ㄴ. /n/ → ∅ / # — $\left\{ \begin{array}{l} /i/ \\ /j/ \end{array} \right\}$

ㄷ. /l/ ˃ ∅ / # — $\left\{ \begin{array}{l} /i/ \\ /j/ \end{array} \right\}$

(1ㄱ)과 (1ㄴ)에서 (1ㄷ)이 내포되어 있기 때문에 (1ㄷ)의 규칙은 따로 세울 필요가 없는 것이다.

2.1 한자어에서의 변동

순수한 우리말이었던 어휘들이 한자가 들어온 후 많은 수가 한자어로 대치되었음은 주지의 사실이다. 이는 고유한 우리의 문자가 없던 시절에는 불가피한 일이었을 것이나, 한글이 창제된 이후에도 계속되었다 (김형규 1984: 110-113).

그러나 같은 한자라 하더라도 중국어와 우리말은 음운에서나 문법면에서 다르기 때문에 우리말에 맞도록 고쳐 썼을 것임도 짐작하기 어렵지 않다.

특히, 어휘에 있어서는 중국어를 그대로 옮겨 쓴 것도 있고, 우리말 식으로 바꿔 쓴 것도 있으나, 그것의 음운은 중국어식으로는 불가능하다. 그래서 《한글 맞춤법 통일안》제 4장에서는 한자어를 한글로 적는 규정을 베풀었다(이희승 1976: 280-319). 그 중에서 이 글의 주제에 해당하는 항

---

3 V : vowel(모음).

목은 제2절의 제43항·제44항이 된다(이 1976: 301-310).

제43항에서는 "'랴·려·료·류·리·례'가 단어의 첫소리로 될 적에는, '야·여·요·유·이·예'로 적"고, "다만, 단어의 첫소리 이외의 경우에서는 본음대로 적"으며, "한자의 대표음은 본음으로 한다"고 하고, 그 본음은 "ㄹ"이 있는 것으로 규정했다.

또한 제44항에서는 "'라·러·로·루·르·래·뢰'가 단어의 첫소리로 될 적에는 발음대로 '나·너·노·누·느·뇌'로 적"고, "다만, 단어의 첫소리 이외의 경우에서는 본음대로 적"으며, "또 한자의 대표음은 본음으로 한다"고 하여, "ㄹ"이 있는 것을 대표음으로 본 것이다.

그러나 위의 규정대로 한글의 표기가 이루어지게 되어 있으나, 실제의 음운이 배합될 때에는 여러 가지 변동이 일어나게 된다.

먼저 어중에 /l/이 음절의 첫소리로 개재되어 있으면, 앞 음절에 따라 다음과 같은 변동이 일어난다.[4]

> (2) ㄱ. 비강자음화 1 : 앞 음절의 끝 자음이 /p/, /t/, /k/이면,[5] 뒤 음절의 첫소리 /l/은 /n/으로 변동된다. 이 규칙은 간단히 식으로 보이면 다음과 같다.
>
> $$/l/ \rightarrow /n/ \; / \; \begin{Bmatrix} /p/ \\ /t/ \\ /k/ \end{Bmatrix} - V$$
>
> 비강자음화 2 : 뒤 음절의 첫소리가 /n/으로 바꾸어지면, 앞 음절의 /p/, /t/, /k/는 조음 방법(manners of articulation)을 바꾸어 같은 서열(ordre)의 비강자음으로 변한다. 이 규칙을 식으로 보이면 다음과 같다.

---

4 여기에서 쓰이는 기호들은 Chomsky and Halle(1968) 참조.
5 "일곱 끝소리 되기" 규칙은 허 웅(1984: 113-114) 참조.

$$\begin{bmatrix} /p/ \\ /t/ \\ /k/ \end{bmatrix} \rightarrow \begin{bmatrix} /m/ \\ /n/ \\ /ŋ/ \end{bmatrix} \quad / \quad V - /n/$$

비강자음화 3 : 앞 음절의 끝 자음이 /m/, /n/, /ŋ/이면, 뒤 음절의
첫 자음 /l/은 /n/으로 변동된다. 이 규칙을 보이면 다음과 같다.

$$/l/ \rightarrow /n/ \quad / \quad \begin{bmatrix} /m/ \\ /n/ \\ /ŋ/ \end{bmatrix} - V$$

ㄴ. 설측자음화 : 앞 음절의 끝 자음이 /n/이면(변동된 것이든 아니든),
뒤 음절의 첫소리 /l/을 닮아 /l/로 변동되기도 한다.
이 규칙을 보이면 다음과 같다.

$$/n/ \rightarrow /l/ \quad / \quad V - /l/$$

ㄷ. 앞 음절의 끝 자음이 /l/이거나 모음이면, 뒤 음절의 첫소리 /l/은
변동되지 않는다.

이제부터 언급할 예들에서 일어나는 위와 같은 변동 현상은 그 때그
때 주에서 표시하기로 한다.

2.1.1. /l/→/n/ / #-V

이 규칙에 해당하는 음절은 /la/, /lak/, /lan/, /lal/, /lam/, /lap/, /laŋ/, /
lɛ/, /lɛŋ/, /lo/, /lok/, /lon/, /loŋ/, /lØ/, /lu/, /lik/, /lïm/, /lïŋ/ 등이다. 여기
에서 드는 예들은 어두와 어중에서 두루 쓰이는 것만을 들었으며, 편의
를 위하여 음운과 한글 표기를 아울러 보이기로 한다.

2.1.1.1. /la/→/na/

(3)		한자(중국 발음)	어중 /음운/ (한글 표기)	어두 /음운/ (한글 표기)
	ㄱ.	羅(Luo)	新羅/silla/[6] (신라)	羅網/namaŋ/ (나망)
	ㄴ.	螺(Luo)	吹螺/čʰyla/ (취라)	螺絲/nasa/ (나사)
	ㄷ.	鑼(Luo)	銅鑼/toŋna/[7] (동라)	鑼/na/ (나)
	ㄹ.	癩(Lay)	疥癩/kɛla/ (개라)	癩病/napjəŋ/ (나병)
	ㅁ.	蘿(Luo)	松蘿/soŋna/[8] (송라)	蘿蔬/nama/ (나마)
	ㅂ.	裸(Luoo)	全裸/čənna/[9] (전라)	裸婦/napu/ (나부)
	ㅅ.	邏(Luo)	巡邏/sulla/[10] (순라)	邏卒/načol/ (나졸)
	ㅇ.	囉(Luo)	婆囉/pʰala/ (파라)	囉叭蟲/napalčʰuŋ/ (나발충)

2.1.1.2. /lak/→/nak/

(4)	ㄱ.	樂$\begin{pmatrix}\text{Leh}\\\text{Law}\end{pmatrix}$	娛樂/olak/ (오락)	樂園/nakwən/∖ (낙원)
	ㄴ.	絡(Luoh)	連絡/jəllak/[11] (연락)	絡石/naksək/ (낙석)

---

6 /n/→/l/ / V–/l/

7 /l/→/n/ / / ŋ/–V

8 7)과 같음.

9 /l/→/n/ / /n/–V. 이는 "전라도/čəllato/"에서의 6)과 같은 변동과는 다름.

10 6)과 같음.

11 6)과 같음.

ㄷ.	落$\binom{Luoh}{Law}$	沒落/mollak/ (몰락)	落果/nakkwa/ (낙과)
ㄹ.	酪(Luoh)	乾酪/kənnak/[12] (건락)	酪農/naŋnoŋ/ (낙농)
ㅁ.	洛(Luoh)	駕洛/kalak/ (가락)	洛東江/naktoŋkaŋ/ (낙동강)
ㅂ.	諾(Nuoh)	許諾/həlak/ (허락)	諾否/nakpu/ (낙부)
ㅅ.	烙$\binom{Luoh}{Law}$	炮烙/pʰolak/ (포라)	烙殺/naksal/ (낙살)

2.1.1.3. /lan/→/nan/

(5)	ㄱ.	卵(Loan)	檢卵/kəmnan/[13] (검란)	卵管/nankwan/ (난관)
	ㄴ.	亂(Luann)	洋亂/jaŋnan/[14] (양란)	亂擊/nankjək/ (난격)
	ㄷ.	欄(Lan)	交欄/kjolan/ (교란)	欄干/nankan/ (난간)
	ㄹ.	蘭(Lan)	皐蘭/kolan/ (고란)	蘭草/nančʰo/ (난초)
	ㅁ.	襴(Lan)	金襴/kïmnan/ (금란)	襴/nan/ (난)
	ㅂ.	鸞(Luan)	曇鸞/tamnan/[15] (담란)	鸞駕/nanka/ (난가)
	ㅅ.	爛(Lann)	絢爛$\binom{/sullan/}{/sunnan/}$[16] (순란)	爛發/nanpal/ (난발)

---

12 9)와 같음.

13 /l/→/n/ / /m/–V

14 7)과 같음.

15 13)과 같음.

16 이 경우는, 6)의 규칙으로 조음되거나 9)와 같이 조음되거나 모두 가능한 것으로 보임.

ㅇ. 暖(Noan)　　寒暖 $\left(\dfrac{/ballan/}{/bannan/}\right)$[17]　　暖房/nanpaŋ/
　　　　　　　　(한란)　　　　　　　　(난방)

2.1.1.4. /lal/→/nal/

(6)　ㄱ. 刺(Lah)　　潑剌/pallal/　　剌戾/nalljə/
　　　　　　　　(발랄)　　　　　(랄려)

2.1.1.5. /lam/→/nam/

(7)　ㄱ. 藍(Lan)　　伽藍/kalam/　　藍色/namsɛk/
　　　　　　　　(가람)　　　　　(남색)

　　ㄴ. 嵐(Lan)　　蜈嵐/čaŋnam/[18]　　嵐光/namkwaŋ/
　　　　　　　　(장람)　　　　　(남광)

　　ㄷ. 濫(Lann)　　猥濫/∅lam/　　濫發/nampal/
　　　　　　　　(외람)　　　　　(남발)

　　ㄹ. 攬(Laan)　　結攬/kjəllam/　　攬要/namjo/
　　　　　　　　(결람)　　　　　(남요)

　　ㅁ. 纜(Laan)　　電纜/čəllam/[19]　　纜魚/namə/
　　　　　　　　(전람)　　　　　(람어)

2.1.1.6. /lap/→/nam/

(8)　ㄱ. 鑞(Lah)　　硬鑞/kjəŋnap/[20]　　鑞衣/napï/
　　　　　　　　(경랍)　　　　　(납의)

　　ㄴ. 臘(Lah)　　客臘/kɛŋnap/[21]　　臘茶/napčʰa/
　　　　　　　　(객랍)　　　　　(납차)

---

17 16)과 같음.

18 7)과 같음.

19 6)과 같음.

20 7)과 같음.

21 규칙 1 : /l/→/n/ / /k/-V
　　규칙 2 : /k/→/ŋ/ / V-/n/

ㄷ. 蠟(Lah)   鯨蠟/kjəŋnap/   蠟蜜/nammil/
                  (경랍)   (납밀)

2.1.1.7 /laŋ/→/naŋ/

(9) ㄱ. 浪(Lang)   激浪/kjəŋnaŋ/[22]   浪客/naŋkek/
                      (격랑)   (낭객)

ㄴ. 郎(Lang)   佳郎/kalaŋ/   郎君/naŋkun/
                  (가랑)   (낭군)

ㄷ. 琅(Lang)   靑琅玕/čʰəŋnaŋkan/[23]   琅琅/naŋnaŋ/
                  (청랑간)   (낭랑)

ㄹ. 朗(Laang)   明朗/mjəŋnaŋ/[24]   朗朗/naŋnaŋ/
                  (명랑)   (낭랑)

ㅁ. 囊(Nang)   旅囊/jəlaŋ/   囊刀/naŋto/
                  (여랑)   (낭도)

ㅂ. 狼(Lang)   狗狼星/kulaŋsəŋ/   狼瘻/naŋnu/
                  (구랑성)   (낭루)

ㅅ. 廊(Lang)   公廊/koŋnaŋ/[25]   廊下/naŋha/
                  (공랑)   (낭하)

ㅇ. 踉(Lang)   跳踉/tolaŋ/   踉踉/naŋnaŋ/
                  (도랑)   (낭랑)

ㅈ. 螂(Lang)   蟷螂/taŋnaŋ/[26]   螂蹴/naŋčʰuk/
                  (당랑)   (낭축)

ㅊ. 娘(Niang)   姑娘菜/kolaŋčʰɛ/   娘子/naŋča/
                  (고랑채)   (낭자)

---

22 20)과 같음.

23 7)과 같음.

24 7)과 같음.

25 7)과 같음.

26 7)과 같음.

2.1.1.8. /lɛ/→/nɛ/

(10) ㄱ. 來(Lai)   元來/wəllɛ/[27]   來日/nɛil/
          (원래)   (내일)

     ㄴ. 萊(Lai)   老萊子/nolɛča/   萊菔/nɛpok/
          (노래자)   (내복)

2.1.1.9. /lɛŋ/→/nɛŋ/

(11) ㄱ. 冷(Leeng)   寒冷 ⟨/hallɛŋ/⟩[28]   冷却/nɛŋkak/
                  ⟨/hannɛŋ/⟩
          (한랭)   (냉각)

2.1.1.10. /lo/→/no/

(12) ㄱ. 路(Luh)   街路/kalo/   路毒/notok/
          (가로)   (노독)

     ㄴ. 魯(Luu)   奧魯/olo/   魯國/nokuk/
          (오로)   (노국)

     ㄷ. 爐(Lu)   脚爐/kaŋno/[29]   爐先生/nosənsɛŋ/
          (각로)   (노선생)

     ㄹ. 露(Luh)   甘露/kamno/[30]   露國/nokuk/
          (감로)   (노국)

     ㅁ. 老(Lao)   元老/wəllo/[31]   老人/noin/
          (원로)   (노인)

     ㅂ. 勞(Lau)   皆勞/kəlo/   勞困/nokon/
          (개로)   (노곤)

     ㅅ. 顱(Lu)   小顱/solo/   顱骨/nokol/
          (소로)   (노골)

---

27 6)과 같음.

28 16)과 같음.

29 20)과 같음.

30 13)과 같음.

31 6)과 같음.

ㅇ.	鹵(Luu)	蓋鹵王/kɛlowaŋ/	鹵鈍/notun/
		(개로왕)	(노둔)
ㅈ.	鷺(Luh)	白鷺/pɛŋno/[32]	鷺梁津/noljaŋčin/
		(백로)	(노량진)
ㅊ.	虜(Luu)	捕虜/pʰolo/	虜鋒/nopoŋ/
		(포로)	(노봉)

2.1.1.11 /lok/→/nok/

(13)	ㄱ.	祿(Luh)	家祿/kalok/	祿俸/nokpoŋ/
			(가록)	(녹봉)
	ㄴ.	綠(Luh)	銅綠/toŋnok/[33]	綠/nok/
			(동록)	(녹)
	ㄷ.	錄(Luh)	館錄/kwallok/[34]	錄/nok/
			(관록)	(녹)
	ㄹ.	鹿(Luh)	馴鹿/sullok/[35]	鹿角/nokkak/
			(순록)	(녹각)

2.1.1.12. /lon/→/non/

| (14) | ㄱ. | 論(Luenn) | 討論/tʰolon/ | 論究/nonku/ |
| | | | (토론) | (논구) |

2.1.1.13. /loŋ/→/noŋ/

(15)	ㄱ.	弄(Long)	戲弄/hïloŋ/	弄談/noŋtam/
			(희롱)	(농담)
	ㄴ.	籠(Long)	檣籠/čaŋnoŋ/[36]	籠球/noŋku/
			(장롱)	(농구)

---

32 20)과 같음.

33 7)과 같음.

34 6)과 같음.

35 6)과 같음.

36 7)과 같음.

ㄷ.	隴(Loong)	朦矓/moŋnoŋ/[37] (몽롱)	隴關/noŋkwan/ (농관)
ㄹ.	壟(Loong)	丘壟/kuljoŋ/ (구롱)	壟斷/noŋtan/ (농단)
ㅁ.	瓏(Long)	玲瓏/jəŋnoŋ/[38] (영롱)	瓏瓏/noŋnoŋ/ (농롱)
ㅂ.	聾(Long)	盲聾/mɛŋnoŋ/[39] (맹농)	聾啞/noŋa/ (농아)

2.1.1.14. /lø/→/nø/

(16)	ㄱ.	雷(Lei)	水雷/sulø/ (수뢰)	雷擊/nøkjək/ (뇌격)
	ㄴ.	賴(Lay)	依賴/ïilø/ (의뢰)	賴德/nøtək/ (뇌덕)
	ㄷ.	罍(Lei)	樽罍/čonnø/[40] (준뢰)	罍/nø/ (뇌)
	ㄹ.	牢(Lau)	堅牢/kjənnø/[41] (견뢰)	牢死/nøsa/ (뇌사)
	ㅁ.	磊(Leei)	磊磊/nølø/ (뇌뢰)	磊綠/nølok/ (뇌록)
	ㅂ.	賂(Luh)	受賂/sulø/ (수뢰)	賂物/nømul/ (뇌물)
	ㅅ.	儡(Leei)	傀儡/kølø/ (괴뢰)	儡身/nøsin/ (뇌신)

---

37 7)과 같음.

38 7)과 같음.

39 7)과 같음.

40 9)와 같음.

41 9)와 같음.

2.1.1.15. /lu/→/nu/

(17) ㄱ. 累(Lei)　　塵累$\binom{/\check{c}innu/}{/\check{c}illu/}$[42]　　累加/nuka/
　　　　　　　　　(진루)　　　　　　　　(누가)

　　ㄴ. 漏(Low)　　落漏/naŋnu/[43]　　漏水/nusu/
　　　　　　　　　(낙루)　　　　　　　(누수)

　　ㄷ. 樓(Lou)　　廣寒樓/kwaŋhallu/[44]　樓閣/nukak/
　　　　　　　　　(광헌루)　　　　　　(누각)

　　ㄹ. 陋(Lou)　　固陋/kolu/　　　　陋居/nukə/
　　　　　　　　　(고루)　　　　　　　(누거)

　　ㅁ. 淚(Ley)　　落淚/naŋnu/[45]　　淚管/nukwan/
　　　　　　　　　(낙루)　　　　　　　(누관)

　　ㅂ. 壘(Leei)　　盜壘/tolu/　　　　壘手/nusu/
　　　　　　　　　(도루)　　　　　　　(누수)

　　ㅅ. 蔞(Low)　　瓜蔞/kwalu/　　　蔞蒿/nuko/
　　　　　　　　　(과루)　　　　　　　(누고)

2.1.1.16. /lïk/→/nïk/

(18) ㄱ. 勒(Leh)　　彌勒/milïk/　　　勒買/nïŋmɛ/
　　　　　　　　　(미륵)　　　　　　(늑매)

2.1.1.17. /lïm/→/nïm/

(19) ㄱ. 凜(Liin)　　凜凜/nïmnïm/[46]　凜烈/nïmnjəl/
　　　　　　　　　(늠름)　　　　　　(늠렬)

　　ㄴ. 廩(Liin)　　官廩$\binom{/kallïm/}{/kannïn/}$[47]　廩庫/nïmko/
　　　　　　　　　(관름)　　　　　　(늠고)

---

42 16)과 같음.

43 20)과 같음.

44 6)과 같음.

45 20)과 같음.

46 13)과 같음.

47 16)과 같음.

ㄷ. 懍(Liin)　　　懍懍/nǐmnǐm/[48]　　懍遵/nǐmčun/
　　　　　　　　　　(늠름)　　　　　　　(늠준)

2.1.1.18. /lǐŋ/→/nǐŋ/

(20)　ㄱ.　陵(Ling)　　　王陵/wanǐnǐŋ/[49]　陵軍/nǐŋkun/
　　　　　　　　　　　　(왕릉)　　　　　　　(능군)

　　　ㄴ.　稜(Leng)　　　三稜/samnǐŋ/[50]　稜鏡/nǐŋkjəŋ/
　　　　　　　　　　　　(삼릉)　　　　　　　(능경)

　　　ㄷ.　綾(Ling)　　　花綾/hwalǐŋ/　　　綾羅/nǐŋna/
　　　　　　　　　　　　(화릉)　　　　　　　(능라)

2.1.2. /l/→/n/→/ø/ / #-$\left\{ \begin{array}{c} i \\ j \end{array} \right\}$

이 경우는 앞에서 언급한 바처럼 /l/이 어두에서, /i/나 /j/의 앞에서 ∅
가 되었다고 하기보다는 2.1.1.과 같은 과정을 거쳐 탈락되었다고 보는
것이 타당하다. 여기에 해당하는 음절은 /ljak/, /ljaŋ/, /ljə/, /ljək/, /ljən/,
/ljəl/, /ljəem/, /ljəp/, /ljəŋ/, /lie/, /lje/, /ljo/, /ljoŋ/, /ljon/, /lju/, /ljuk/, /
ljuŋ/, /li/, /lim/, /lim/ 등이다.

2.1.2.1. /ljak/→/njak/→/jak/

(21)　ㄱ.　略(Liueh)　　大略/tɛljak/　　略記/jakki/
　　　　　　　　　　　　(대략)　　　　　　(약기)

　　　ㄴ.　掠(Liueh)　　虜掠/noljak/　　掠奪/jaktʰal/
　　　　　　　　　　　　(노략)　　　　　　(약탈)

---

48 13)과 같음.

49 7)과 같음.

50 13)과 같음.

2.1.2.2. /ljaŋ/→/njaŋ/→/jaŋ/

(22) ㄱ. 涼(Liang) 納涼/namnjaŋ/[51] 涼風/jaŋphuŋ/
　　　 　　　　 (납량) (양풍)

　　 ㄴ. 良(Liang) 善良/səlljaŋ/[52] 良心/jaŋsim/
　　　 　　　　 (선량) (양심)

　　 ㄷ. 樑(Liang) 棟樑/toŋnjaŋ/[53] 樑頭/jaŋtu/
　　　 　　　　 (동량) (량두)

　　 ㄹ. 量(Liang) 分量$\left(\frac{/pulljaŋ/}{/punnjaŋ/}\right)$[54] 量的/jaŋčək/
　　　 　　　　 (분량) (양적)

　　 ㅁ. 糧(Liang) 食糧/siŋnjaŋ/[55] 糧食/jaŋsik/
　　　 　　　　 (식량) (양식)

　　 ㅂ. 亮(Liang) 諸葛亮/čekalljaŋ/ 亮直/jaŋčik/
　　　 　　　　 (제갈량) (양직)

　　 ㅅ. 諒(Liang) 黙諒/muŋnjaŋ/[56] 諒闇/jaŋam/
　　　 　　　　 (묵량) (양암)

　　 ㅇ. 梁(Liang) 高粱酒/koljančhu/ 梁肉/jaŋjuk/
　　　 　　　　 (고량주) (양육)

2.1.2.3. /ljə/→/njə/→/jə/

(23) ㄱ. 呂(Leu) 律呂/julljə/ 呂宋煙/jəsoŋjən/
　　　 　　　　 (율려) (여송연)

　　 ㄴ. 旅(Leu) 軍旅$\left(\frac{/kulljə/}{/kunnjə/}\right)$[57] 旅閣/jəkak/
　　　 　　　　 (군려) (여각)

---

51 규칙 1 : /l/→/n/ / /p/-V
　　 규칙 2 : /p/→/m/ / V-/n/

52 6)과 같음.

53 7)과 같음.

54 9)와 같음.

55 20)과 같음.

56 20)과 같음.

57 16)과 같음.

ㄷ.	厲(Lih)	災厲/čɜljə/ (재려)	厲階/jəke/ (여계)
ㄹ.	廬(Lu)	居廬/kəljə/ (거려)	廬幕/jəmak/ (여막)
ㅁ.	閭(Lih)	尾閭/miljə/ (미려)	閭門/jəmun/ (여문)
ㅂ.	麗(Li)	高麗/koljə/ (고려)	麗末/jəmal/ (여말)
ㅅ.	驢(Liu)	馬驢白腹/oljəɛkpok/ (오려백복)	驢山/jəsan/ (여산)
ㅇ.	勵(Lih)	激勵/kjəŋnjə/[58] (격려)	勵勇/jəjoŋ/ (여용)
ㅈ.	儷(Lih)	駢儷文/pjəŋnjəmun/[59] (병려문)	儷文/jəmun/ (여문)
ㅊ.	戾(Lih)	乖戾/k∅ljə/ (괴려)	戾裏書/jəlisə/ (여리서)
ㅋ.	蠡(Lii)	范蠡/pamnjə/[60] (범려)	蠡實/jəsil/ (여실)
ㅌ.	茹(Ru)	茹茹/jəljə/ (여려)	茹茹/jəljəl/ (여려)
ㅍ.	荔(Lih)	蔓荔枝 (/malljəči/ /mannjəči/)[61] (만려지)	荔枝/jəči/ (여지)
ㅎ.	黎(Li)	詞黎/saljə/ (사려)	黎明/jəmjəŋ/ (여명)

---

58 20)과 같음.

59 7)과 같음.

60 51)과 같음.

61 16)과 같음.

2.1.2.4. /ljək/→/njək/→/jək/

(24) ㄱ. 力(Lih)   强力/kaŋnjək/[62]   力强/jəkkaŋ/
                         (강력)   (역강)

      ㄴ. 曆(Lih)   月曆/wəlljək/   曆年/jəŋnjən/
                         (월력)   (역년)

      ㄷ. 礫(Lih)   角礫/kaŋnjək/[63]   礫石/jəksək/
                         (각력)   (역석)

      ㄹ. 歷(Lih)   來歷/nɛljək/   歷史/jəksa/
                         (내력)   (역사)

      ㅁ. 瀝(Lih)   地瀝靑/čiljəkčʰəŋ/   瀝靑岩/jəkčʰəŋam/
                         (지력청)   (역청암)

2.1.2.5. /ljən/→/njən/→/jən/

(25) ㄱ. 蓮(Lian)   牽蓮 (/kjəlljən/)[64] 蓮結/jənkjəl/
                         (견련)(/kjənnjən/)   (연결)

      ㄴ. 輦(Nean)   副輦/puljən/   輦/jən/
                         (부련)   (연)

      ㄷ. 鍊(Liann)   訓鍊/hulljən/[65]   鍊鋼/jənkaŋ/
                         (훈련)   (연강)

      ㄹ. 蓮(Lian)   木蓮/moŋnjən/[66]   蓮根/jənkĭn/
                         (목련)   (연근)

      ㅁ. 戀(Liann)   邪戀/saljən/   戀愛/jənɛ/
                         (사련)   (연애)

      ㅂ. 憐(Lian)   相憐/saŋnjən/[67]   憐恕/jənsə/
                         (상련)   (연서)

---

62 7)과 같음.

63 20)과 같음.

64 16)과 같음.

65 6)과 같음.

66 20)과 같음.

67 7)과 같음.

ㅅ. 攣(Liuan)　　京輦/kjəŋnjən/[68]　　攣躄/jənpjək/
　　　　　　　　（경련）　　　　　　（연벽）

ㅇ. 聯(Lian)　　關聯/kwalljən/[69]　　聯關/jənkwan/
　　　　　　　　（관련）　　　　　　（연관）

ㅈ. 漣(Lian)　　細漣/seljən/　　　　漣音/jənïm/
　　　　　　　　（세연）　　　　　　（연음）

2.1.2.6. /ljəl/→/njəl/→/jəl/

(26) ㄱ. 列(Lieh)　　整列/čəŋjəl/[70]　　列强/jəlkaŋ/
　　　　　　　　（정렬）　　　　　　（열강）

ㄴ. 熱(Reh)　　發熱/palljəl/　　　　熱狂/jəlkwaŋ/
　　　　　　　　（발열）　　　　　　（열광）

ㄷ. 劣(Lieh)　　拙劣/čolljəl/　　　　劣角/jəlkak/
　　　　　　　　（졸렬）　　　　　　（열각）

ㄹ. 裂(Lieh)　　決裂/jəlljəl/　　　　裂脚類/jəlkaŋnju/
　　　　　　　　（결렬）　　　　　　（열각류）

ㅁ. 烈(Lieh)　　强烈/kaŋnjəl/[71]　　烈光/jəlkwaŋ/
　　　　　　　　（강렬）　　　　　　（열광）

ㅂ. 洌(Lieh)　　洌洌/jəlljəl/　　　　洌洌/jəlljəl/
　　　　　　　　（열렬）　　　　　　（열렬）

2.1.2.7. /ljəm/→/njəm/→/jəm/

(27) ㄱ. 廉(Lian)　　低廉/čaljəm/　　　廉價/jəmka/
　　　　　　　　（저렴）　　　　　　（염가）

ㄴ. 殮(Liann)　　改殮/kɛljəm/　　　殮具/jəmku/
　　　　　　　　（개렴）　　　　　　（염구）

---

68 7)과 같음.

69 6)과 같음.

70 7)과 같음.

71 7)과 같음.

	ㄷ.	染(Raan)	愛染/ɛljəm/	染色/jəmsɛk/
			(애렴)	(염색)
	ㄹ.	簾(Lian)	葭簾/kaljəm/	簾鉤/jəmku/
			(가렴)	(염구)
	ㅁ.	斂(Liann)	加斂/kaljəm/	斂襟/jəmkïm/
			(가렴)	(염금)
	ㅂ.	炎(Lian)	肺炎/pheljəm/	炎症/jəmčïŋ/
			(폐렴)	(염증)

2.1.2.8. /ljəp/→/njəp/→/jəp/

(28)	ㄱ.	獵(Lieh)	狩獵/suljəp/	獵犬/jəpkjən/
			(수렵)	(엽견)
	ㄴ.	鬣	五鬣松/oljəpsoŋ/	鬣者/jəpča/
			(오렵송)	(엽자)

2.1.2.9. /ljəŋ/→/njəŋ/→/jəŋ/

(29)	ㄱ.	令(Ling)	命令/mjəŋnjəŋ/[72]	令監/jəŋkam/
			(명령)	(영감)
	ㄴ.	鈴(Ling)	金鈴/kïmnjəŋ/[73]	鈴蛙科/jəŋwakwa/
			(금령)	(영와과)
	ㄷ.	岺(Ling)	零岺/jəŋnjəŋ/	岺岺/jəŋnjəŋ/
			(영령)	(영령)
	ㄹ.	領(Liing)	大領/tɛljəŋ/	領客/jəŋkɛk/
			(대령)	(영객)
	ㅁ.	嶺(Liing)	秋風嶺/chuphuŋnjəŋ/[74]	嶺南/jəŋnam/
			(추풍령)	(영남)
	ㅂ.	齡(Ling)	加齡/kaljəŋ/	齡/jəŋ/
			(가령)	(영)

---

72 7)과 같음.

73 13)과 같음.

74 7)과 같음.

ㅅ.	靈(Ling)	神靈/silljəŋ/[75] (신령)	靈感/jəŋkam/ (영감)
ㅇ.	囹(Ling)	囹圄/oljəŋ/ (어령)	囹圄/jəŋo/ (영어)
ㅈ.	泠(Ling)	泠泠/jəŋnjəŋ/[76] (영령)	泠泠/jəŋnjəŋ/ (영령)

2.1.2.10. /lje/→/nje/→/je/

(30)	ㄱ.	芮(Ruey)	芮芮/jelje/ (예례)	芮芮/jelje/ (예례)
	ㄴ.	例(Lih)	事例/salje/ (사례)	例刻/jəlkak/ (예각)
	ㄷ.	禮(Lii)	失禮/silje/ (실례)	禮家/jeka/ (예가)
	ㄹ.	隷(Lih)	官隷 (/kʷallje/ /kʷannje/)[77] (관례)	隷書/jesə/ (예서)

2.1.2.11. /ljo/→/njo/→/jo/

(31)	ㄱ.	料(Liaw)	食料/siŋnjo/[78] (식료)	料理/joli/ (요리)
	ㄴ.	了(Leaw)	完了/walljo/[79] (완료)	了結/jokjəl/ (요결)
	ㄷ.	料(Lean)	馬料/maljo/ (마료)	料科/jok'wa/ (요과)
	ㄹ.	療(Liau)	治療/ćʰiljo/ (치료)	療法/jop'əp/ (료법)

---

75 6)과 같음.

76 7)과 같음.

77 16)과 같음.

78 20)과 같음.

79 6)과 같음.

ㅁ.	僚(Liau)	閣僚/kaŋnjo/[80] (각료)	僚相/josaŋ/ (료상)
ㅂ.	瞭(Leaw)	明瞭/mjəŋnjo/[81] (명료)	瞭望/jomaŋ/ (료망)
ㅅ.	寮(Leaw)	學寮/haŋnjo/[82] (학료)	寮舍/josa/ (요사)
ㅇ.	寥(Liau)	寂寥/čəŋnjo/[83] (적요)	寥寥/joljo/ (요요)
ㅈ.	燎(Liaw)	望燎/maŋnjo/[84] (망료)	燎亂/jolan/ (요란)

2.1.2.12. /lioŋ/→/njoŋ/→/joŋ/

(32)	ㄱ.	龍(Long)	青龍/čʰəŋnjoŋ/[85] (청룡)	龍頭/joŋtu/ (용두)

2.1.2.13. /lju/→/nju/→/ju/

(33)	ㄱ.	謬(Niow)	過謬/kwalju/ (과류)	謬見/jukjən/ (유견)
	ㄴ.	柳(Leau)	楊柳/jaŋnju/[86] (양류)	柳器/juki/ (유기)
	ㄷ.	流(Liou)	急流/kïmnju/[87] (급류)	流水/jusu/ (유수)

---

80 20)과 같음.

81 7)과 같음.

82 20)과 같음.

83 20)과 같음.

84 7)과 같음.

85 7)과 같음.

86 7)과 같음.

87 51)과 같음.

ㄹ.	留(Liou)	居留/kəlju/ (거류)	留客/jukɛk/ (유객)
ㅁ.	硫(Liou)	加硫/kalju/ (가류)	硫氣孔/jukikoŋ/ (유기공)
ㅂ.	蘽(Leei)	蓬蘽/poŋnju/[88] (봉류)	蘽梩/juli/ (유리)
ㅅ.	騮(Liou)	棗騮馬/čoljuma/ (조류마)	騮馬/juma/ (유마)
ㅇ.	溜(Liou)	芥溜/kɛlju/ (개류)	溜飮/juïm/ (유음)

2.1.2.14. /ljuk/→/njuk/→/juk/

(34)	ㄱ.	陸(Luh)	內陸/nɛljuk/ (내륙)	陸地/jukči/ (육지)
	ㄴ.	戮(Luh)	殺戮/salljuk/ (살륙)	戮力/juŋnjək/ (육력)
	ㄷ.	六(Luh)	五六/oljuk/ (오륙)	六十/juksip/ (육십)

2.1.2.15. /ljun/→/njun/→/jun/

(35)	ㄱ.	倫(Luen)	五倫/oljun/ (오륜)	倫理/julli/ (윤리)
	ㄴ.	淪(Luen)	湮淪/illjun/[89] (인륜)	淪沒/junmol/ (윤몰)
	ㄷ.	綸(Luen)	經綸/kjəŋnjun/[90] (경륜)	綸命/junmjəŋ/ (윤명)
	ㄹ.	輪(Luen)	車輪/čʰaljun/ (차륜)	輪廻/junh∅/ (윤회)

---

88 7)과 같음.

89 6)과 같음.

90 7)과 같음.

2.1.2.16. /ljuŋ/→/njuŋ/→/juŋ/

(36) ㄱ. 隆(Ling) 乾隆 (/kəlljuŋ/ \)[91] 隆崇/juŋsuŋ/
                (건륭)\(/kənnjuŋ/)   (융숭)

2.1.2.17. /li/→/ni/→/i/

(37) ㄱ. 利(Lih) 實利/silli/ 利益/iik/
              (실리)   (이익)

    ㄴ. 里(Lii) 十里/simni/[92] 里洞/itoŋ/
              (십리)   (이동)

    ㄷ. 李(Lii) 桃李/toli/ 李家/ika/
              (도리)   (이가)

    ㄹ. 離(Li) 別離/pjəlli/ 離別/ipjəl/
             (별리)   (이별)

    ㅁ. 履(Leu) 菅履/kwalli/[93] 履卦/ikwɛ/
              (관리)   (이괘)

    ㅂ. 理(Lii) 敎理/kjoli/ 理由/iju/
              (교리)   (이유)

    ㅅ. 厘(Li) 一厘/illi/ 厘/i/
             (일리)   (이)

    ㅇ. 釐(Li) 十釐/simni/[94] 釐/i/
             (십리)   (이)

    ㅈ. 裡(Lii) 內裡/nɛli/ 裡急/ikïp/
              (내리)   (이급)

    ㅊ. 裏(Lii) 表裏/pʰjoli/ 裏面/imjən/
              (표리)   (이면)

    ㅋ. 吏(Lih) 書吏/səli/ 吏讀/itu/
              (서리)   (이두)

---

91 16)과 같음.

92 51)과 같음.

93 6)과 같음.

94 51)과 같음.

ㅌ.	㠄(Li)	百㠄/pɛŋni/[95] (백리)	㠄病/ipjəŋ/ (이병)
ㅍ.	鯉(Lii)	鯪鯉/nïŋni/[96] (능리)	鯉素/iso/ (이소)
ㅎ.	犂(Li)	伊犂/ili/ (이리)	犂牛/iu/ (이우)
ㄲ.	邐(Lii)	迤邐/ili/ (이리)	邐迤/ii/ (이이)
ㄸ.	唎(I)	唎唎/ili/ (이리)	唎唎/ili/ (이리)
ㅃ.	痢(Lih)	疳痢/kamni/[97] (감리)	痢疾/ičil/ (이질)

2.1.2.18. /lin/→/nin/→/in/

(38)	ㄱ.	燐(Lin)	鬼燐/k∅lin/ (괴린)	燐酸/insan/ (인산)
	ㄴ.	鄰(Lin)	强鄰/kaŋnin/[98] (강린)	鄰家/inka/ (인가)
	ㄷ.	麟(Lin)	獲麟/h∅ŋnin/[99] (획린)	麟角/inkak/ (인각)
	ㄹ.	鱗(Lin)	片鱗 (/pʰəllin/ (편린) /pʰənnin/)[100]	鱗角/inkak/ (인각)

---

95 20)과 같음.

96 7)과 같음.

97 13)과 같음.

98 7)과 같음.

99 20)과 같음.

100 16)과 같음.

2.1.2.19. /lim/→/nim/→/im/

(39) ㄱ. 林(Lin)   森林/samnin/[101]   林業/iməp/
                  (삼림)   (임업)

     ㄴ. 臨(Lin)   再臨/čɛlim/   臨檢/imkəm/
                  (재림)   (임검)

     ㄷ. 痳(Lin)   冷痳/nɛŋnim/[102]   痳絲/imsa/
                  (냉림)   (임사)

     ㄹ. 霖(Lin)   久霖/kulim/   霖濕/imjəm/
                  (구림)   (임염)

2.1.2.20. /lip/→/nip/→/ip/

(40) ㄱ. 立(Lih)   設立/səllip/   立脚/ipkak/
                  (설립)   (입각)

     ㄴ. 粒(Lih)   微粒/milip/   粒飾/ipto/
                  (미립)   (입도)

     ㄷ. 笠(Lih)   破笠/pʰalip/   笠飾/ipsik/
                  (파립)   (입식)

2.2. 외래어에서의 변동

외래어는 그것을 대치할 만한 우리말이 없을 때, 외국어가 우리말처럼 쓰이는 것이다. 그러므로 음운에서도 우리말의 음운으로 바꾸어 쓰이게 된다.

그런데, 요즈음은 외국어 교육이 활발하여 원래의 외국어로 사용하고, 또한 이 글에서 다루려는 부문도 곧잘 조음을 할 수 있게 되었다. 여기에서는 사전에 그대로 남아 있는 어휘를 몇 개 드는 것으로 그친다. 그

---

101 13)과 같음.

102 7)과 같음.

러나 외국어에서 쓰이는 어두의 /l/을 /n/으로 바꾸어도 뜻의 전달에는 하등의 지장이 없다(이 점은 뒤에서 다루는 /n/의 경우와 다르다). 예를 들면, 'radio[réidiou]'를 /načio/, 'rotary[róutəri]'를 /nothali/로 해도 의미 전달에 문제가 없는 것이다.

원어의 구별 없이 예를 들어 보면 다음과 같다.

(41)	외국어	외래어(한글 표기) /음운/
ㄱ.	Lama	나마/nama/
ㄴ.	Rumania	나마니/namani/
ㄷ.	Roma	나마/nama/
ㄹ.	Laʒarus	나사로/nasalo/
ㅁ.	Lauan	나왕/nawaŋ/
ㅂ.	Rāhu	나후/nahu/
ㅅ.	Rāhuasura	나후아수라/nahuasula/
ㅇ.	Lumbinévana	남비니원/nambiniwən/
ㅈ.	Russia	노서아/nosəa/

3. /n/의 어두에서의 변동

/n/이 어두에서 /i/나 /j/ 앞에 쓰일 때에는 탈락된다. 음성학적으로는 /n/이 구개음화되어([ɲ]) 없어지는 것이다.[103]

이 경우에 해당하는 것은 한자어와 순수한 우리말들이다. 외래어(혹은 외국어)는 잘 적용되지 않는다. 만약 그와 같은 현상이 일어나면 의미

---

103 /n/의 구개음화 연구로는 김수곤(1976: 197-207), 김석득(1978: 85-108), 허 웅(1984: 55, 364) 참조.

전달이 되지 않는다(이 점은 앞에서의 /l/과 다르다). 예컨대, 'New York'을 /jujok/으로 발음하거나, 'nickel'을 /ikhel/로 하면 의미가 파괴된다.

/n/이 어중에 게재되면, 앞 음절의 음소에 따라서 다음과 같은 음운 변동 현상이 일어난다.

(42) ㄱ. 비강자음화 1 : 앞 음절의 끝 자음이 /p/, /t/, /k/이면, 조음 방법이 바뀌어 각각 /m/, /n/, /ŋ/으로 변동된다. 이를 규칙으로 보이면 다음 과 같다.

$$\begin{bmatrix} /p/ \\ /t/ \\ /k/ \end{bmatrix} \rightarrow \begin{bmatrix} /m/ \\ /n/ \\ /ŋ/ \end{bmatrix} / \ V - /n/$$

ㄴ. 비강자음화 2 : 앞 음절의 끝 자음이 /l/이면, 뒤 음절의 /n/을 닮 아 /n/이 되는 수가 있다.

$$/l/ \rightarrow /n/ \ / \ V - /n/$$

ㄷ. 설측자음화 : 앞 음절의 끝 자음이 /l/이면, 뒤 음절의 /n/이 /l/이 되는 수가 있다.

$$/n/ \rightarrow /l/ \ / \ V - /l/$$

ㄹ. 앞 음절의 끝 자음이 /m/, /n/, /ŋ/이거나, 모음으로 끝나면, 뒤 음 절의 /n/은 변동되지 않는다.

다음에 드는 예들에서 일어나는 위의 현상들은 주에서 다루기로 한다.

3.1. 한자어에서의 변동

앞에서 다룬 /l/과 마찬가지로 이 경우에도 한자어의 차용에서 우리 말의 음운으로 바꾸어진 데에 문제가 있는 것이다.

《한글 맞춤법 통일안》에서는 이러한 한자어의 한글 표기를 위하여,

제42항에서 "'냐·녀·뇨·뉴·니·녜'가 단어의 첫소리로 될 적에는, 그 발음을 따라 '야·여·요·유·이·예'로 적는다"고 하고, "다만, 단어의 첫소리 이외의 경우에서는 본음대로 적"으며, "도 한자의 대표음을 본음으로 한다"고 하여, /n/이 있는 것을 대표음으로 삼았다. 이것은 원래가 한자이니, 그 발음을 우선한다는 의미를 가진다.

그러나 한글 표기는 그렇게 한다 하더라도 음운에서는 앞에서 언급했던 규칙들로 인하여 변동이 일어나게 된다.

여기에 해당하는 음절들은 /njaŋ/, /njə/, /njən/, /njəm/, /njəŋ/, /njo/, /nju/, /ni/, /nik/ 등이다.

3.1.1. /njaŋ/→/jaŋ/

(43) ㄱ.　兩(Leang)　　　千兩/čʰənnjaŋ/　　　兩家/jaŋka/
　　　　　　　　　　　　　(천냥)　　　　　　　(양가)

3.1.2. /njə/→/jə/

(44) ㄱ.　女(Neu)　　　　孝女/hjonjə/　　　　女子/jəča/
　　　　　　　　　　　　　(효녀)　　　　　　　(여자)

3.1.3. /njən/→/jən/

(45) ㄱ.　年(Nian)　　　　一年/illjən/[104]　　　年下/jənha/
　　　　　　　　　　　　　(일년)　　　　　　　(연하)

3.1.4. /njəm/→/jəm/

(46) ㄱ.　念(Niann)　　　記念/kinjəm/　　　　念慮/jəmnjə/
　　　　　　　　　　　　　(기념)　　　　　　　(염려)

---

[104] /n/→/l/ / /l/-V

ㄴ. 怗(Tyan)　　安怗/annjəm/　　怗虛/jəlhə/
　　　　　　　　　　（안녈）　　　　（열허）

3.1.5. /njəŋ/→/jəŋ/

(47)　ㄱ.　佞(Ning)　　奸佞/kannjə̃ŋ/　　佞臣/jəŋsin/
　　　　　　　　　　（간녕）　　　　（영신）

　　　ㄴ.　寧(Ning)　　安寧/annjəŋ/　　寧日/jəŋil/
　　　　　　　　　　（안녕）　　　　（영일）

3.1.6. /njo/→/jo/

(48)　ㄱ.　嬈(Neau)　　嬈嬈/jonjo/　　　嬈娜/jona/
　　　　　　　　　　（요뇨）　　　　（요나）

　　　ㄴ.　尿(Niaw)　　放尿/paŋnjo/　　尿道/joto/
　　　　　　　　　　（방뇨）　　　　（요도）

　　　ㄷ.　鬧(Naw)　　熱鬧/jəlljo/[105]　　鬧市/josi/
　　　　　　　　　　（열뇨）　　　　（요시）

3.1.7. /nju/→/ju/

(49)　ㄱ.　紐(Neou)　　結紐/kjəllju/[106]　　紐帶/jutɛ/
　　　　　　　　　　（결뉴）　　　　（유대）

3.1.8. /ni/→/i/

(50)　ㄱ.　尼(Ni)　　　比丘尼/pikuni/　　尼僧/isïŋ/
　　　　　　　　　　（비구니）　　　（이승）

　　　ㄴ.　泥(Ni)　　　雲泥之差/unničičʰa/　泥土/itʰo/
　　　　　　　　　　（운니지차）　　（이토）

---

105 104)와 같음.

106 104)와 같음.

3.1.9. /nik/→/ik/

(51) ㄱ. 匿(NIh)　　　庇匿/pinik/　　　匿名/iŋmjən/
　　　　　　　　　　　(비닉)　　　　　(익명)

　　 ㄴ. 溺(Nih)　　　耽溺/tʰamnik/　　溺死/iksa/
　　　　　　　　　　　(탐닉)　　　　　(익사)

3.2. 순수한 우리말에서의 변동

여기에서 다루려는 순수한 우리말에서의 /n/ 탈락을 종래에 "ㄴ 덧나기"(최 1975: 705-710)로 불리우던 것이다. 필자는 졸고(1987: 349-360)에서 "ㄴ 덧나기"가 아니라 "ㄴ 탈락"으로 다루어져야 함을 논의한 바 있다. "ㄴ 덧나기"는 다음과 같은 이유로 그 현상을 충분히 설명해 주지 못하고 있다.

먼저 《한글 맞춤법 통일안》 제30항의 2의 ③[107]에 나타낸 예 중에서, "집일", "쌀엿"의 다음과 같은 음운 현상은 "ㄴ 덧나기"로 간주해야 할 조건이 없다.

(52) ㄱ. [N [N 집][N 일]]→/čimnil/
　　 ㄴ. [N [N 쌀][N 엿]]→/s'alljət/

(52)ㄱ에서 앞 음절의 /p/과 뒤 음절의 /i/ 사이에 /n/이 개재되고, (52) ㄴ에서 /l/과 /j/사이에 /n/이 개재되어야 할 이유가 무엇인가? 위와 같이 대등한 단어와 단어가 합성될 때는 보통 앞 단어의 마지막 음절의 종성

---

107 이희승(1976: 250-251) 참조.

이 뒤 단어의 첫음절이 모음일 때 연철되는 것이 상례다.[108]

(53) ㄱ. [N [N os][N an]]→/otan/
　　 ㄴ. [N [N patʰ][N alɛ]]→/patalɛ/

(53)에서처럼 대등한 요소들의 합성일 때에는 앞 단어의 끝 음절의 종성이 중화되고, 그 다음 연철된다. 그러나 앞 음절의 종성이 중화가 필요 없으면, (54)와 같이 그대로 연철된다.

(54) ㄱ. [N [N čip][N an]]→/čipan/
　　 ㄴ. [N [N kul][N alɛ]]→/kulalɛ/

그러므로 (52)의 예들은 /čipil/, /s'aljət/이 되어야 한다. "집일"이 /čimnil/이 되려면, {il}의 변이형태로서 /nil/이 있어야 하고, "쌀엿"이 /s'aljət/이 되려면, {jəs}의 변이형태로서 /njəs/이 있어야 한다. 그래야만 음운 현상의 설명이 가능해진다(성 1987: 350-354).

《한글 맞춤법 통일안》 제30항의 1의 ③의 "쳇열", "아랫이"와 같은 예들은 더욱 문제가 있다. 이들은 각각 다음과 같이 실현된다.

(55) ㄱ. [N [N čʰe][N jəl]]→/čʰɛnnjəl/
　　 ㄴ. [N [N alɛ][N i]]→/alɛnni/

---

[108] 합성이 아니라 종속요소와 주요소가 합해질 때에는 (53)과는 달리 종성이 중화되지 않고, 그대로 연철된다.
예) [NP [N k'očʰ][p i]]→/k'očʰi/
　　 [NP [N patʰ][p li]]→/patʰil/
　　　　NP : Noun Phrase(명사구)
　　　　P : Particle(조사)

(55)ㄱ에서 "{čʰe}+{jəl}"이 /čʰɛnnjəl/로, (55)ㄴ에서 "{alɛ}+{i}"가 /alɛnni/로 되어야 할 이유가 없다. 그래서 종래에는 이를 해결하기 위하여, 이른바 "사이ㅅ"을 삽입하게 된 것이다. 그러나 "사이ㅅ"이 들어가도, 그 음운의 현상은 설명되지 않는다(성 1987: 352-355).

(56)　ㄱ. [N [N čʰe][N [jəl]]→[N [N čʰe] s [N jəl]] : 사이ㅅ 삽입

　　　ㄴ. [N [N čʰe] s [N jəl]]→#čʰɛt##jəl# : /s/의 중화 작용

　　　ㄷ. #čʰɛt##jəl#→/čʰɛnnjəl/

(56)에서 보이는 것처럼 "사이 ㅅ"의 삽입은 /čʰɛnnjəl/이 되지 않는다. 이 경우에 "사이 ㅅ"의 변동에 예외를 두어, /n/으로 바뀌는 것으로 처리해도 이 현상은 해결되지 않는다.

(57)　ㄱ. #čʰɛt##jəl#→ #čʰɛn##jəl# : /t/이 /n/으로 바뀜

　　　ㄴ. #čʰɛn##jəl#→/čʰɛnnjəl/ : 연철

이를 해결하기 위해서는 "사이 ㅅ"을 넣는 것이 선행되어야 하는 것이 아니라, 뒤의 형태소(단어) {jəl}이 먼저 /njəl/이 되어야 합리적이다.[109] 필자는 그 타당성을 세 가지로 들었다(성 1987: 355-359).

첫째, 우리의 옛말에서는 이른바 구개음화된 /n/이 어두에서 쓰였던 많은 예들이 있는데, 이는 역사적 정보(global rules)[110]로서 시사하는 바가 크다.

---

109 /čʰɛnnjəl/은 #čʰɛ##nnjəl#로도 볼 수 있어야 /n/이 된소리로 되는 것인데, 단일 음소로 처리할 수 없어서 "사이 ㅅ"을 넣어야 하는 것이다.

110 김석득(1978: 98) 참조.

둘째, 구개음화된 /n/의 어두에서의 탈락은 필연적인 현상이 아니다. 왜냐하면, 표준어와 방언에서 구개음화된 /n/이 어두에서 쓰이는 예들이 많기 때문이다.

셋째, 《한글 맞춤법 통일안》 제42항에서는 한자어의 한글 표기는 두 가지(예컨대, '여, 녀')를 다 허용하는데, 우리말만 못할 이유가 없다.

한편, 한글 표기는 대개 기본형태를 밝혀 적는 것으로 되어 있으나(성 1987: 357-358), 항상 그런 것은 아니다. 즉, 변이형태도 따로 따로 표기하고 있다. 그러므로 "쳇열"에서의 "열"은 기본형태가 /jəl/이 아니라 /njəl/로 보아야 하며, 이것이 어두에 나갈 때에, /n/이 탈락하는 것으로 보면 된다. 유사한 앞의 예들도 마찬가지이다.

3.2.1. 구개음화된 /n/이 개재된 단어 합성의 예

구개음화된 /n/이 개재된 단어들은 항상 앞에 다른 형태소가 와야 하는데,[111] 이를 유형으로 분류하면 다음과 같다.[112]

(58)　ㄱ. N + N → N

　　　ㄴ. Pf + N → N

　　　ㄷ. Vst + sf + N → N

　　　ㄹ. N + N + sf → Ad

　　　ㅁ. Ad + Ad → Ad

---

111 《한글 맞춤법 통일안》에서는 "복합 명사 혹은 복합 명사에 준할 단어"라고 했으나(이 1976: 250), 이는 세분화하지 않은 것이다.

112 N : Noun(명사)

Pf : Prefix(접두사)

Vst : Verb Stem(동사류 어간)

sf : suffix(접미사)

Ad : Adverb(부사)

ㅂ. N + Vst → Vst

ㅅ. Pf + Vst → Vst

위의 유형별로 예를 들어 보이면 다음과 같다.

3.2.1.1. N + N → N

(59)　　　배합　　　　　　　　　음운(한글 표기)

ㄱ. [ₙ [ₙ k'ocʰ][ₙ njək'y]] 　　→ 　/k'onnjək'y/[113]
　　　　　　　　　　　　　　　　　　(꽃여귀)

ㄴ. [ₙ [ₙ sam][ₙ njəmul]] 　　→ 　/samnjəmul/
　　　　　　　　　　　　　　　　　　(삼여물)

ㄷ. [ₙ [ₙ sok][ₙ njəïi]] 　　→ 　/soŋnjəïi/[114]
　　　　　　　　　　　　　　　　　　(속여의)

ㄹ. [ₙ [ₙ čas][ₙ njəs]] 　　→ 　/čannjət/[115]
　　　　　　　　　　　　　　　　　　(잣엿)

ㅁ. [ₙ [ₙ t'aŋ][ₙ nimča]] 　　→ 　/t'aŋnimča/
　　　　　　　　　　　　　　　　　　(땅임자)

ㅂ. [ₙ [ₙ tʰïl][ₙ ni]] 　　→ 　/tʰïlni/
　　　　　　　　　　　　　　　　　　(틀니)

ㅅ. [ₙ [ₙ tʰop][ₙ njaŋ]] 　　→ 　/tʰomnjaŋ/[116]
　　　　　　　　　　　　　　　　　　(톱양)

ㅇ. [ₙ [ₙ ipul][ₙ nis]] 　　→ 　/ipullit/[117]
　　　　　　　　　　　　　　　　　　(이불잇)

---

113 규칙 1 : /čʰ/→/t/ / V–# (중화 작용)
　　　규칙 2 : /t/→/n/ / V–/n/ (비강자음화)

114 /k/→/ŋ/ / V–/n/ (비강자음화)

115 규칙 1 : /s/→/t/ / V–# (중화 작용)
　　　규칙 2 : /t/→/n/ / V–/n/ (비강자음화)

116 /p/→/m/ / V–/n/ (비강자음화)

117 규칙 1 : /s/→/t/ / V–# (중화 작용)
　　　규칙 2 : /n/→/l/ / /l/–V (설측자음화)

ㅈ. [ₙ [ₙ sol][ₙ nik'i]]　　→　/sollik'i/[118]
　　　　　　　　　　　　　　　　(솔이끼)

ㅊ. [ₙ [ₙ apʰ][ₙ nima]]　　→　/amnima/[119]
　　　　　　　　　　　　　　　　(앞이마)

ㅋ. [ₙ [ₙ hïlk][ₙ nil]]　　→　/hïŋnil/[120]
　　　　　　　　　　　　　　　　(흙일)

ㅌ. [ₙ [ₙ əlïm][ₙ njəs]]　　→　/əlïmnjət/[121]
　　　　　　　　　　　　　　　　(어름엿)

ㅍ. [ₙ [ₙ sol][ₙ nipʰ]]　　→　/sollip/[122]
　　　　　　　　　　　　　　　　(솔잎)

3.2.1.2. Pf + N → N

(60)　ㄱ. [ₙ [Pf həs−][ₙ njəlmɛ]]　　→　/hənnjəlmɛ/[123]
　　　　　　　　　　　　　　　　　　　(헛열매)

　　　ㄴ. [ₙ [Pf koŋ−][ₙ nil]]　　→　/koŋnil/
　　　　　　　　　　　　　　　　(공일)

　　　ㄷ. [ₙ [Pf kun−][ₙ nip]]　　→　/kunnip/
　　　　　　　　　　　　　　　　(군입)

　　　ㄹ. [ₙ [Pf kil−][ₙ nipul]]　　→　/killipul/[124]
　　　　　　　　　　　　　　　　(길이불)

---

118 /n/→/l/ / /l/−V (설측자음화)

119 규칙 1 : /pʰ/→/p/ / V−# (중화 작용)
　　　규칙 2 : /p/→/m/ / V−/n/ (비강자음화)

120 규칙 1 : /lk/→/k/ / V−# (귀착)
　　　규칙 2 : /k/→/ŋ/ / V−/n/ (비강자음화)

121 /s/→/t/ / V−# (중화 작용)

122 규칙 1 : /pᵏ/→/p/ / V−# (중화 작용)
　　　규칙 2 : /n/→/l/ / /l/−V (설측자음화)

123 규칙 1 : /s/→/t/ / V−# (중화 작용)
　　　규칙 2 : /t/→/n/ / V−/n/ (비강자음화)

124 /n/→/l/ / /l/−V (설측자음화)

ㅁ. [N [Pf mač–][N niïm]]　　→ /manniïm/[125]
　　　　　　　　　　　　　　　　（맞이음）

ㅂ. [N [Pf čom–][N nik'alnamu]]→/čomnik'allnamu/
　　　　　　　　　　　　　　　　（좀이깔나무）

ㅅ. [N [Pf hotʰ–][N nipul]]　　→ /honnipul/[126]
　　　　　　　　　　　　　　　　（홑이불）

ㅇ. [N [Pf hotʰ–][N nipʰ]]　　→ /honnip/[127]
　　　　　　　　　　　　　　　　（홑잎）

ㅈ. [N [Pf han–][N njəlïm]]　　→ /hannjəlïm/
　　　　　　　　　　　　　　　　（한여름）

ㅊ. [N [Pf mak–][N nil]]　　　→ /maŋnil/[128]
　　　　　　　　　　　　　　　　（막일）

ㅋ. [N [Pf čʰəs–][N nile]]　　→ /čʰjənnile/[129]
　　　　　　　　　　　　　　　　（첫이레）

ㅌ. [N [Pf us–][N nipsul]]　　→ /unnipsul/[130]
　　　　　　　　　　　　　　　　（웃입술）

ㅍ. [N [Pf us–][N nipmom]]　　→ /unnimmom/[131]
　　　　　　　　　　　　　　　　（웃입몸）

3.2.1.3. Vst + sf + N → N

(61)　ㄱ. [N [Vst čina–][sf –n][N njəlïm]]　　→ /činannjəlïm/
　　　　　　　　　　　　　　　　　　　　　　（지난 여름）

---

125 규칙 1 : /č/→/t/ / V–# (중화 작용)
　　　규칙 2 : /t/→/n/ / V–/n/ (비강자음화)
126 규칙 1 : /tʰ/→/t/ / V–# (중화 작용)
　　　규칙 2 : /t/→/n/ / V–/n/ (비강자음화)
127 126)과 같음.
128 /k/→/ŋ/ / V–# (비강자음화)
129 123)과 같음.
130 123)과 같음.
131 123)과 같음.

ㄴ. [N [Vst hïi–][sf –n][N njəu]] → /hïinnjəu/
(흰 여우)

ㄷ. [N [Vst nəlp–][sf –ïn][N nipʰ]] → /nəlpïnnip/
(넓은 잎)

ㄹ. [N [Vst malï–][sf –n][N nip]] → /malïnnip/
(마른 잎)

ㅁ. [N [Vst sal –][sf –n][N ni]] → /sanni/
(산이)

3.2.1.4. N + N + sf → Ad

(62) ㄱ. [Ad [N njəpʰ][N njəpʰ][SF –i]] → /jəmnjəpʰi/[132]
(옆옆이)

ㄴ. [Ad [N nil][N nil][SF –i]] → /illili/[133]
(일일이)

3.2.1.5. Ad + Ad → Ad

(63) ㄱ. [Ad [Ad njakïs][Ad njakïs]] → /jakïnnjakït/[134]
(야긋야긋)

ㄴ. [Ad [Ad njaoŋ][Ad njaoŋ]] → /jaoŋnjaoŋ/[135]
(야옹야옹)

---

132 규칙 1 : /n/→∅ / #–/j/ (/n/탈락)
　　규칙 2 : /pʰ/→/p/ / V–# (중화 작용)
　　규칙 3 : /p/→/m/ / V–/n/ (비강자음화)

133 규칙 1 : /n/→∅ / #–/i/ (/n/탈락)
　　규칙 2 : /n/→/l/ / /l/–V (설측자음화)

134 규칙 1 : /n/→∅ / #–/j/ (/n/탈락)
　　규칙 2 : /s/→/t/ / V–# (중화 작용)
　　규칙 3 : /t/→/n/ / V–/n/ (비강자음화)

135 /n/→∅ / #–/j/

3.2.1.6. N + Vst → Vst

(64)　ㄱ. [$_{Vst}$ [$_N$ him][$_{Vst}$ hip−]]　　　　　→ /himnip/
　　　　　　　　　　　　　　　　　　　　　　　(힘입−)

　　　ㄴ. [$_{Vst}$ [$_N$ kup][$_{Vst}$ nil−]]　　　　　→ /kumnil/[136]
　　　　　　　　　　　　　　　　　　　　　　　(굽일−)

　　　ㄷ. [$_{Vst}$ [$_N$ nač^h][$_{Vst}$ nik−]]　　　→ /nannik/[137]
　　　　　　　　　　　　　　　　　　　　　　　(낯익−)

　　　ㄹ. [$_{Vst}$ [$_N$ nun][$_{Vst}$ nik−]]　　　　　→ /nunnik/
　　　　　　　　　　　　　　　　　　　　　　　(눈익−)

　　　ㅁ. [$_{Vst}$ [$_N$ nun][$_{Vst}$ njəkjəpo−]]　　→ /nunnjəkjəpo/
　　　　　　　　　　　　　　　　　　　　　　　(눈여겨보−)

　　　ㅂ. [$_{Vst}$ [$_N$ əl][$_{Vst}$ nip−]]　　　　　→ /əllip/[138]
　　　　　　　　　　　　　　　　　　　　　　　(얼입−)

3.2.1.7. Pf + Vst → Vst

(65)　ㄱ. [$_{Vst}$ [$_{Pf}$ čis][$_{Vst}$ niki−]]　　　→ /činniki/[139]
　　　　　　　　　　　　　　　　　　　　　　　(짓이기−)

3.2.2. 어두에서의 /n/탈락

3.2.1.에서 보였던 예 중에서, /n/이 개재된 단어들이 독립되어 쓰여서, /n/이 어두로 갈 때 /n/은 탈락하게 된다.

---

136 /p/→/m/ / V−/n/
137 규칙 1 : /č^h/→/t/ / V−# (중화 작용)
　　　규칙 2 : /t/→/n/ / V−/n/ (비강자음화)
138 124)와 같음.
139 123)과 같음.

3.2.2.1. /n/→Ø / #-/i/

(66) ㄱ. /kannip/ → /ip/
       (간입)   (입)

    ㄴ. /koŋnil/ → /il/
       (공일)   (일)

    ㄷ. /kunnip/ → /ip/
       (군입)   (입)

    ㄹ. /kumnilta/ → /ilta/
       (굽일다)   (일다)

    ㅁ. /əkïmni/ → /i/
       (어금니)   (이)

    ㅂ. /kïllipul/ → /ipul/
       (글이불)   (이불)

    ㅅ. /nannikta/ → /ikta/
       (낮익다)   (익다)

    ㅇ. /t'aŋnimča/ → /imča/
       (땅임자)   (임자)

    ㅈ. /malïnni/ → /i/
       (마른이)   (이)

    ㅊ. /manniïm/ → /iïm/
       (맞이음)   (이음)

    ㅋ. /pullilta/ → /ilta/
       (붙일다)   (일다)

    ㅌ. /pulliŋkəl/ → /iŋkəl/
       (붙잉걸)   (잉걸)

    ㅍ. /sannisïlat/ → /isïlat/
       (산이스랏)   (이스랏)

    ㅎ. /samniut/ → /iut/
       (삼이웃)   (이웃)

    ㄲ. /sollik'i/ → /ik'i/
       (솔이끼)   (이끼)

    ㄸ. /amnima/ → /ima/
       (앞이마)   (이마)

ㅃ. /əlipta/ → /ipta/
(얼입다)　　(입다)

ㅆ. /jənilkop/ → /ilkop/
(여닐곱)　　(일곱)

ㅉ. /jənile/ → /ile/
(여니레)　　(이레)

ㅏ. /illili/ → /ili/
(일일이)　　(일)

ㅑ. /ipulit/ → /it/
(이불잇)　　(잇)

ㅓ. /ïnninə/ → /iŋə/
(은잉어)　　(잉어)

ㅕ. /unnipsul/ → /ipsul/
(웃입술)　　(입술)

ㅗ. /čomnik'allnamu/→ /ik'allamu/
(좀이깔나무)　(이깔나무)

ㅛ. /činnikita/ → /ikita/
(짓이기다)　　(이기다)

ㅜ. /čʰannisïl/ → /isïl/
(찬이슬)　　(이슬)

ㅠ. /čʰənnile/ → /ile/
(첫이레)　　(이레)

3.2.2.2. /n/→∅ / #-/j/

(67) ㄱ. /kannjaŋtʰɛ/ → /jaŋtʰɛ/
(갓양태)　　(양태)

ㄴ. /tʰomnjaŋ/ → /jaŋ/
(톰양)　　(양)

ㄷ. /nomnjən/ → /jən/
(놈년)　　(년)

ㄹ. /nallut/ → /jut/
(날윷)　　(윷)

ㅁ. /čannjət/   →   /jət/
    (갓엿)   (엿)

ㅂ. /k'onnjək'y/   →   /jək'y/
    (꽃어뀌)   (여뀌)

ㅅ. /nunnjəkiəpota/→   /jəkjəpota/
    (눈여겨보다)   (여겨보다)

ㅇ. /pomnjəlïm/   →   /jəlïm/
    (봄여름)   (여름)

ㅈ. /samnjəmul/   →   /jəmul/
    (삼여물)   (여물)

ㅊ. /soŋnjəïl/   →   /jəïl/
    (속여의)   (여의)

ㅋ. /jəmnjəpʰi/   →   /jəp/
    (옆옆이)   (옆)

ㅌ. /činannjəlïm/   →   /jəlïm/
    (지난 여름)   (여름)

ㅍ. /čʰoŋnjəl/   →   /jəl/
    (총열)   (열)

ㅎ. /hənnnjəlmɛ/   →   /jəlmɛ/
    (헛열매)   (열매)

ㄲ. /hïïnnjəu/   →   /jəu/
    (흰여우)   (여우)

ㄸ. /čʰɛnnjəl/   →   /jəl/
    (쳇열)   (열)

4. 맺는 말

이 글에서 이른바 두음 법칙으로 다룬 것은 /l/과 /n/의 어두에서의 변
동 현상이었다.

/l/은 어두에서 모음 앞에 쓰일 때 /n/으로 변동된다(/l/→/n/ / #–V). /n/

은 어두에서 /i/나 /j/앞에 쓰일 때 ∅가 된다(/n/→∅ / #-V). /l/은 /i/, /j/ 앞에 쓰일 때 어두에서 / n/으로 되기 때문에 ∅가 된다.

/l/이 어중에 있을 때에는 앞서는 음절의 끝 음소에 따라, "비강자음화"현상이 일어나기도 하며, 앞 음절의 끝 자음을 변동시키기도 한다.

2.1.에서는 한자어에서의 /l/의 변동으로서, 2.1.1.에서 "/l/→/n/ / #-V"의 경우를 다루었으며, 2.1.2.에서 "/l/→/n/→∅ / #-$\left\{ \begin{matrix} i \\ j \end{matrix} \right\}$"의 현상을 다루었다.

2.2.에서는 외래어의 /l/의 변동을 살펴보았다. 교육의 영향으로 외국어를 그대로 사용하기 때문에 그 예는 많지 않기 때문에 소수의 예만 제시하였다.

외래어(외국어)에서 /l/은 /n/과는 달리 어두에서 /n/으로 바뀌어도 의미 전달에는 지장이 없다.

3.에서는 /n/의 어두에서의 변동을 다루었다. /n/이 /i/나 /j/ 앞에 개재되어 어중에 있을 때에는 앞서는 음절의 끝 자음에 따라서 "설측자음화"현상이 일어나며, 앞 음절의 음소를 변동시키기도 한다.

3.1.에서는 한자어에서 /n/의 탈락 현상을 다루었다.

3.2.에서는 순수한 우리말에서의 /n/의 탈락을 다루었다. 여기에서 다룬 예들은 종래에 "ㄴ 덧나기"로 취급되던 것이었다. 그러나 합성어 혹은 파생어에서 /n/이 첨가돼야 할 이유가 없음을 논의하고 /n/이 개재된 것을 기본형태로 삼아, 이들이 어두로 쓰일 때 /n/이 탈락되는 것으로 보아야 함을 밝혔다. 3.2.1.에서 /n/이 /i/나 /j/ 앞에 개재된 형태소들이 배합된 유형을 살펴보고, 3.2.2.에서 /n/이 탈락되는 예들을 제시하였다.

국립국어연구원(2001), 한국 어문 규정집, 서울: 국립국어연구원.

김부식(1972), 三國史記(上·下), 韓國名著大全集, 서울: 大洋書籍.

김석득(1978), "구개음화와 기저모음 및 어휘소", 《눈뫼 허 웅 박사 환갑 기념 논문집 서울》: 과학사.

_____(1992) 우리말 형태론 -말본론-, 서울: 탑출판사.

_____(1999), 우리말 형태론, 서울: 탑출판사.

김수곤(1976), "/ㄴ/의 구개음화 규칙", 《어학 연구》12-2, 서울: 서울대 어학 연구소.

김순영(1994), "괴산 지역 지명 연구 -'谷'계가 '村'계 지명의 전부요소를 중심으로", 석사학위논문, 청원: 한국교원대학교.

김은진(2004), "초등학생의 통신언어 사용 실태 및 지도 방안", 석사학위논문, 청원: 한국교원대학교 대학원.

김형규(1980), 補增 國語史 研究, 서울: 일조각.

_____(1984), 《국어사 개요》, 서울: 일조각.

김혜영(1996), "국어 유음의 통시적 연구", 박사학위논문, 마산: 경남대 대학원.

문교부(1989), 편수자료V, 서울: 문교부.

박창해(1967), "한국어 구조론 1·2", 박사 논문, 서울: 연세대 대학원.

輔新書局(1986), 《辭海》, 대북: 포신서국.

서정교, "간판을 통해 살펴본 우리말 네이밍 전략", 레프트 월드, 1994.

성낙수(1987), "이른바 'ㄴ 덧나기'에 대하여", 알티이어와 알타이어학, 대구: 효성여대.

_____(1987), "이른바 두음 법칙 연구", 한글 197호, 서울: 한글학회.

_____(1994), "구개음화 되는 /n/의 표기에 대하여", 동방학지 제89·90집, 서울: 연세대 국학 연구원.

_____(1995), "충북 청주시·청원군의 땅이름 고찰", 새마을 연구 제4집, 청원: 한국교원대 새마을 연구소.

성명희(2001), "PC통신어의 문장 양상 연구", 석사학위논문, 청원: 한국교원대학교 대학원.

신은주(2004), "현장 언어 분석 연구", 보고서, 청원: 한국교원대학교 대학원.

오정란(1993), "국어 음운 현상에서의 지배관계", 음성·음운·형태론 연구, 음운론 연구회.

유지숙(2004), "현장 언어 분석 연구", 보고서, 청원: 한국교원대학교 대학원.

유창돈(1997), 李朝語辭典, 서울: 연세대 출판부.

이경현(2004), "인터넷 용어 사용", 보고서, 청원: 한국교원대학교 대학원.

이기문(1991), 國語 語彙史 硏究, 서울: 동아출판사.

이돈주(1965), "전남 지방의 지명에 관한 고찰-특히 지명 suffix의 분포를 중심으로 한 연구", 국어
국문학 제29집, 서울: 국어국문학회.

이병건(1976), 《현대 한국어의 생성 음운론》, 서울: 일지사.

이원선(2004), "현장 언어 분석 연구", 보고서, 청원: 한국교원대학교 대학원.

이희승(1976), 《새로 고친판 한글 맞춤법 통일안 강의(철자법 통일 강의)》, 서울: 신구 문화사.

이희승·안병희(2002), 한글 맞춤법 강의, 서울: 신구문화사.

전상범(1976), "음운론에 있어서의 경계 문제(주제 발표)", 《어학 연구》12-2, 서울: 서울대 어학 연구소.

조선일보사(2002), 7월 31일 metro 기사.

조진숙(2004), "경북 경산 지역 중학교 2학년 학생들의 표기법 실태", 보고서, 청원: 한국교원대학
교 대학원.

_____(2004), "현장 언어 분석 연구", 보고서, 청원: 한국교원대학교 대학원.

진철웅(1989), "보은군내 지명의 연구", 霽曉 李庸周 博士 回甲 紀念 論文集, 서울: 한샘

최현배(1975), 우리말본, 서울: 정음문화사.

충청북도청(1995), 地名審議資料, 청주: 충청북도청.

한겨레신문(2000), 2000년 7월 22일 시회면 기사.

한글학회(1984), 《한글 맞춤법(붙임: 우리말 로마자 적기)》, 서울: 한글 학회.

_____(1992), 우리말 큰사전4, 서울: 어문각.

허웅(1975), 《국어 음운학》, 서울: 샘문화사.

___(1983), 《국어학》, 서울: 샘문화사.

___(1985), 국어 음운학, 서울: 샘문화사.

Cheun Sang-buom(1978), "#-Deletion As a Phonoloqical Rule", Paper in Korean Linquistics,
ed. Chin-W. Kim, South Carolina : Hornbeams Press, Inc.

Kang, Ongmi(1993), "A Prosodic Analysis of I-nasalization", 음성·음운·형태론 연구, 서울: 음
운론 연구회.

Keren Rice and Peter Avery(1991), "On the Retionship betweeen Laterality and Coronarity",
Phonetics and Phonology--The Special Status of Coronals Internal and External
Evidence, volume 2, Ed. Carole Paradis and Jean-François Prunet.

Noam Chomsky and Morris Halle(1968), The Sound Pattern of English, N.Y. : Harper & Row.

Ramstedt,G.J. (1949), Studies in Korean Etymology, Helsinki.

Ramstedt,G.J. (1982), Paralipomena of Korean Etymologies, Helsinki : Saomalais - Ugrilainen
Seura.

http: //blog.net/jeus1052/8404422, 독특한 간판 이름: 김남수, 2006.